내가 남긴 발자국

망·백·을·넘·어·계·속·되·는·이·야·기

내가 남긴 발자국

양성보 두 번째 수필집

육일문화사

| 책을 내면서 |

 '눈길을 걸을 때는 항상 조심해야 한다. 그대가 남긴 발자국이 뒤따르는 다른 사람의 길이 되느니.' 서산대사께서 남긴 말이라 한다. 인생의 눈길에도 발자국이 남는다. 그 머나먼 길에 어느 곳을 어떻게 걸어왔는지 기억이 가물가물하다. 기억의 한계를 벗어날 수 없어서 많은 부분이 세월 속에 소멸하고 말았다.

 별로 잘 쓰지도 못하면서 그동안 써온 글들을 모아 처녀작 수필집 『한 몸에 두 지게 지랴』를 부끄러움을 무릅쓰고 세상에 내어놓았다. 수필집이 발간되니 가족 친지 선후배 동료들로부터 많은 격려와 축하를 받게 되어 무척 기뻤다. 따라서 글을 써 놓고 오랫동안 묻어두었던 글들도 빛을 보게 하려는 용기가 일어났다.

 다시 책을 내겠다고 하니 가족을 포함한 주변 여론이 반반이다. 90 넘은 노인이 머리 쓰지 말고 이제 조용히 지내며 마무리나 잘하란다. 반면에 인지기능이 아직 살아있다는 노익장을 본보기로 보이라는 격려도 있었다.

'내일 지구의 종말이 온다 해도 나는 한 그루의 사과나무를 심겠다.'라는 명언을 남긴 네덜란드의 철학자 스피노자의 말을 상기한다. 그 뜻은 설령 미래가 절망적인 상황이 오더라도, 우리는 오늘 해야 할 일을 묵묵히 실천해야 한다는 의미를 담고 있다. 이 말의 내용을 조금이나마 이해한다는 의미로 무엇이든 미루지 말고 실천해 보겠다고 다짐했다.

내가 걸어온 길에 때론 자랑스러운 흔적도 있으나 부끄러운 발자국도 많음을 고백한다. 돌이킬 수 없는 나의 발자국이니 부디 뒤따르는 사람이 이 같은 나의 발자국에 조심하길 바라면서 흔적을 더듬어 본다.

힘들었던 순간들도 있었고 기쁘고 감격의 순간도 있었다. 이 모든 일들이 이젠 우리의 추억 속에서만 존재한다. 과거의 고통이 클수록 추억은 아름답다고 했다. 그 아프고 힘들고 괴로움이 있었기에 오늘의 내 삶이 있다.

부모 된 사람의 가장 큰 지혜로움은 자신의 생애가 자식들의 자랑거리가 되게 하는 것이다. 그런데 내 삶이 나 자신이나 자식들에게 자랑거리가 될 만한 삶이었는지 의문이다.

  하지만 살며 생각하며 서투른 표현으로 써온 글을 부끄러움을 무릅쓰고 세상에 내어놓는다. 어떤 작품은 글을 쓴 당시의 감정이 세월이 흐르면서 상황과 인식이 다를 수 있을 것이다. 주관적이든 객관적이든 독자들의 건전한 판단에 맡긴다.

  끝으로 내가 수필가로 이름을 올릴 수 있도록 지도와 격려를 하여 주신 수필가이며 문학평론가이신 박희선 선생님께 깊이 감사드리며, 출판에 힘써주신 육일문화사 이병우 사장님과 특히 꼼꼼히 교정을 보아주신 류혜윤 실장님께 고마운 마음을 전합니다.

2025년 11월

부산 영도에서 양성보

감사하는 마음으로 살렵니다

생을 영위하기 위해 동분서주하던 내가 어느덧 늙은이가 되어 모든 일을 접어야 할 때가 되었나 봅니다. 누구에게나 한 번뿐인 인생입니다. 평범한 일상에서도 늘 감사하는 마음으로 밝게 살아가려 합니다. 감사하며 사는 것이 곧 행복임을 압니다.

- 오늘도 잠에서 깨어나 무사히 일어날 수 있어서 감사합니다.
- 감사하는 마음으로 하루를 시작할 수 있게 하여 주소서.
- 주책없이 늙은 우리 부부를 반갑게 대해주는 이웃에 감사합니다.
- 두 다리가 성하여 아침 산책을 할 수 있음에 감사합니다.
- 도움이 필요한 내 아내를 돌볼 수 있는 건강함에 감사합니다.
- 인터넷 검색도 하고 글을 쓸 수 있어서 감사합니다.
- 카톡으로 좋은 자료 보내주는 친구들 우정에 감사합니다.
- 치매 노인을 친절히 돌봐주는 요양보호사에게 감사합니다.
- 치매 엄마에게 자주 문안 전화하는 아들딸에게 감사합니다.
- 작은 것에도 감사하는 마음으로 살아가게 하소서.
- 소중한 하루가 매사에 감사하며 기쁨으로 가득하기를 바랍니다.

열 반 송

천년 자리 만년 자리
내 치수에 맞는 자리
팔 보살이 닦은 자리
황금으로 뿌린 자리
내 일신이 갈 적에는
좋은 해 좋은 달에
좋은 날 좋은 시에
자는 잠에 인도하소서
나무아미타불
나무아미타불
나무아미타불

| 차례 |

책을 내면서 / 감사하는 마음으로 살렵니다

Part 1.
갑자기

갑자기	17
나에게 수필이란	23
아내의 소원은 모두 풀렸다	28
노틀 판검사 돈 자루 아멘	31
흔적	38
아내를 돌보며	44
우리 집 설날 분위기	50
등자나무 화분	56
아직도 내게는 할 일이 많다	61
아우를 보내던 날	67
내 마음대로	73

Part 2.
미끼를 조심하라

미끼를 조심하라	81
갈등葛藤	85
화무십일홍花無十日紅이요	91
만남	96
서이초등학교 교사의 죽음	100
나이가 들면서 생각해보는 인생사	105
국립 해양박물관	111
계절의 멋과 인생	116
눈이 내리면	121
무더위	126

Part 3.
마음이란 무엇인가

마음이란 무엇인가	135
근자의 소행 近者之所行	142
언어의 생성과 변화에 대한 단상	147
잊지 못해 화가 난다	155
손과 손가락	160
이것 또한 지나가리라	168
명함 예절	174
할 수 있을 때 하지 않는다면	181
'너무'라는 말의 거부감	187
18세와 81세의 차이점	191

Part 4.
말 한마디의 무게

말 한마디의 무게	197
내일은 없다	203
난 알아요	207
시간은 공평한가	211
스마트 폰의 공해	217
가는 날이 장날이다	221
마무리	226
친구가 그립구나!	231
나에게 가을은	237
새를 잡던 겨울	242
태종대 공원을 산책하며	246

Part 1.
갑자기

모든 일이 계획대로 순조롭게 진행되는 것보다도 갑자기 일어나는 경우도 많이 발생하고 있다. 살다 보면 예기치 못한 슬픈 일이 일어나기도 하고 기쁜 일이 오기도 하는 것이 다반사이다. 갑자기 일어나는 일로 인하여 일의 우선순위가 바뀌기도 하고 때로는 하나를 포기해야 하는 경우도 발생한다.

갑자기
나에게 수필이란
아내의 소원은 모두 풀렸다
노틀 판검사 돈 자루 아멘
흔적
아내를 돌보며
우리 집 설날 분위기
등자나무 화분
아직도 내게는 할 일이 많다
아우를 보내던 날
내 마음대로

갑자기

 우리의 일상생활은 날로 편리해지고 있다. 무슨 일이든지 사전에 계획하고 준비해서 실행한다. 순서나 절차를 미리 마련하여 추진하면 시행착오도 줄일 수 있다. 편리한 전자기기가 큰 도움을 주고 있다. 스마트 폰에 일정을 입력해 놓으면 잊어버리고 지나쳐 버리는 일이 없어진다. 하지만 모든 일이 계획대로 순조롭게 진행되는 것보다도 갑자기 일어나는 경우도 많이 발생하고 있다. 살다 보면 예기치 못한 슬픈 일이 일어나기도 하고 기쁜 일이 오기도 하는 것이 다반사이다. 갑자기 일어나는 일로 인하여 일의 우선순위가 바뀌기도 하고 때로는 하나를 포기해야 하는 경우도 발생한다.
 아내가 내 방에 들어와 보곤 불평이 이만저만이 아니다. 이게 어디 사람 사는 방인가 쓰레기통이지 하면서 좀 정돈해

놓고 살라고 한다. 쓸데없는 것들은 버리라고 짜증을 낸다. 사실 내가 쓰는 방은 서재인지 작업장인지 침실인지 분간이 안 된다.

  책장 가득 꽂아놓은 책들을 일부 버렸다. 그 공간에, 바닥에 쌓아놓았던 다른 책들을 갖다 놓으니 또 책장이 가득해졌다. 비어있는 공간마다 잡다한 물건이 올라가 있다. 방바닥엔 신문지와 오래된 책들, 회사에서 쓰던 자료들이 아직도 정리가 안 된 채 그대로 방치되어 있다. 책상 위나 책상 밑이나 어지러운 것은 마찬가지다. 벽에 걸어놓은 화이트보드 옆에도 달력과 이것저것이 걸려 있다. 입던 옷이 옷걸이에 가득하다. 침대 위에도 읽던 책과 벗어놓은 양말이 동숙하고 있다. 책상 옆 작은 탁자엔 음료수병, 커피잔, 영어사전, 국어사전 등이 혼숙하고 있다. 이쯤 되면 아내의 불평은 당연하다고 여겨진다.

  집안에 무슨 행사가 있거나 손님이 온다거나 아들네 식구라도 갑자기 온다고 연락이 오면 우선 침대 위와 책상 주변을 먼저 치우고 벽에 걸어놓았던 것들을 정리한다. 복잡하고 어지러운 것은 사실이다. 그러나 솔직히 말해서 여러 가지를 벌려놓은 것이 손쉽게 찾아 쓸 수 있어서 편리한 점도 있다. 그러다 보니 치웠다가 벌려놓기를 반복하는 일이 습관이 되어버린 것이다.

회사에서 쓰던 기술 자료와 사내교육 자료를 정리하다가 명함철을 보게 되었다. 사업과 관련된 여러분의 명함과 내가 사용하던 명함이 있었다. 대부분 잊어버린 인물들이다. 내가 군에서 전역하고 처음으로 회사에 입사할 때 명함을 받은 기억이 난다. 금성정밀 지금의 LG정밀이다. 이 회사에 입사하게 된 경위도 갑자기 얻어진 행운이라면 행운이겠다.

1970년대 우리나라가 산업화 공업화 바람이 일고 있을 때이다. 나는 당시 한국 방공시스템 자동화 사업의 연구원으로 '00 기획단'에서 일하고 있었다. 기업체마다 기술 인력이 필요한 때다. 군에서 기술 요원으로 근무했거나 현역 중에서 전역하면서 바로 취업하는 바람이 불고 있었다. 나보다 앞서 전역한 친구들의 취업 소식을 접하면서 나도 마음이 들떴다. 영등포의 모 전자 회사에 합격하여 신원보증서가 필요했다. 서울에서 무역회사를 경영하고 있는 친구를 찾아갔다. 사유를 말하고 신원보증을 부탁했더니 단호히 거절하며 그 회사에 입사를 만류한다. 나는 그 회사에 적합한 인재가 아니라는 것이다. 이력서 용지를 주면서 당장 이력서를 쓰라고 한다. 갑자기 친구가 하라는 대로 이력서를 대강 썼다. 인터폰으로 상무를 부른다. 나를 서울역 앞쪽에 있는 럭키빌딩으로 데려다주라고 명한다. 그러면서 나더러 9층 총무과에 가서 이력서를 제출하고 필요하면 불러달라고만 하란다.

"거기는 인원 모집 광고도 없는데 어떻게 이력서를 제출하나?"

"거기 금성사 박 사장이 한국전자공업진흥회 회장을 겸하고 있다. 이력서를 보고 필요한 회사로 너를 천거할 것이다."

오랜 경험과 노력으로 큰 성공을 거둔 친구의 말대로 이력서를 제출했다. 총무과장이 연락 전화번호를 기록하란다. 근무하고 있는 기획단의 전화번호를 기록하고 나왔다.

한국 방공시스템 자동화 사업은 미국의 휴스항공사와 계약되어 육해공군과 국방연구원이 합동으로 연구하고 있었다. 나는 육군 대표로 차출되어 이 중령과 같이 SAM(지대공미사일)연구원으로 참여하고 있었다. 많은 기술 자료를 검토하고 번역하며 회의를 자주하는 바쁜 생활이었다.

이력서를 제출한 며칠 후이다. 한미 합동으로 회의를 하는 중에 타자수 직원이 전화를 받으란다. 금성사의 총무과장이다. 사장이 면접하겠다고 하니 열한 시까지 올 수 있느냐고 하는 것이다. 예, 하고 대답했지만, 시간이 촉박한 가운데 갑자기 받은 전화이고 지금은 회의 중이라 난감했다. 이 중령에게 말하니 슬그머니 나가라고 하여 군복을 입은 채로 택시로 급히 달려갔다.

총무과장의 안내대로 전무와 부사장을 거쳐 사장실에 들어갔다. 몇 마디 간단한 질문을 하고 갑자기 영어로 질문을 한다. '지금부터 하는 질문은 영어로 답하시오.'라고.

외국어는 자주 쓰지 않으면 금방 녹이 슬어 잘 나오지 않는다. 나는 마침 미국인과 같이 연구에 참여하고 있어서 매일 사용하고 있는 터라 그리 당황하지 않았다. 이력서의 경력에 기록한 미국 유학에 관한 내용을 주로 질문한다.

면접 후 총무과로 가라고 하기에 다시 들렀더니 총무과장이 그사이 사장으로부터 전화를 받았다. 4월 1일부로 금성정밀 구미 공장으로 발령을 내라고 하니 그새 전역하여 공장으로 가란다.

이력서 제출도 갑자기, 면접도 갑자기, 발령도 갑자기 일어났다. 이제는 몸과 마음이 바빠졌다. 우여곡절 끝에 전역하고 4월 중순이 넘어서 구미 공장으로 가서 신고했다. 인사과에서 매우 당황했다. 인사 발령은 났는데 사람이 오지 않고, 구미 공장에서는 채용 면접이나 전입 요청이 없이 인사 명령만 받은 상태였다. 구미 공장에서 중역들이 모여 면접하고 생산부 기사로 보직을 정해주었다. 사람들이 나를 낙하산 인사라고 했다. 나는 입사 동기생도 없고 나 혼자 왔기 때문이다.

예상과 달리 갑자기 생기는 일이 생활에 지대한 영향이 있는 것이 사실이다. 계획하고 기대하는 일보다 어찌 보면 갑자기 일어나는 일이 더 많은 것 같다.

뒤돌아보면 육군 부관학교 군사 영어 과정에 입교한 것도, 60년도에 처음으로 도미 유학한 것도 타인의 조언과 도움으로 갑자기 성사되었다.

금성정밀에서 근무 중에 유도탄부대 창설 요원으로 같이 일했던 두 친구를 내가 추천하여 입사시켰다. 퇴근 후엔 그들과 시내의 간이주점에서 술을 마시곤 했다. 그날도 밤늦게까지 술집에서 젓가락 장단에 '꿈에 본 내 고향'을 부르고 술을 마셨다. 기숙사에서 늦잠을 자고 부랴부랴 회사로 들어가는데 인사과 직원이 갑자기 빨리 회의실로 가란다. 무슨 일인가 물어도 염려 말고 가라고만 한다.

중역 회의가 있었다. 아무도 예고하지 않았고 갑자기 사령장을 받게 되었다. '사령장, 명 과장 직무대리, 보 검사1과장' 뜻밖이다. 나는 기사에서 기좌로 1년 만에 특진했지만 같은 직급의 선배도 있는데 또 특진한 것이다. 갑자기 받은 영광이다.

나에게 수필이란

　내가 인문학을 공부하게 되리라고는 전혀 생각지 못했다. 더구나 인문학 분야에 관심을 가지게 되는 것도 상상할 수 없는 일이었다. 왜냐하면 중·고등학교 시절부터 수학에만 몰두했고 과학 분야에 취미를 갖고 있었다. 오랜 군 복무에서나 직장생활에서도 전자공학 기계 분야에서 일해 왔다. 그러면서 그 분야에 취미도 있었고 소질도 있다고 여겼다.

　많은 세월이 흐르고 직장에서 은퇴하여 지나온 길을 회상하기에 이르렀다. 80이 넘은 황혼에 이르러 남은 삶이 이제 얼마 남지 않았다고 느끼며 친구들과 환담하며 보람 없는 시간만을 보냈다. 이제는 지나온 과거를 회상하고 반성하며 회고록이나 써 볼까 생각하게 되었다.

　그러던 중에 '수필 자서전 쓰기' 강의가 있다는 광고를 보앉는데 이미 접수 기간이 경과되었다. 전화를 걸어 물어보니 아직 개강이 안 되었으니 일단 추가로 등록해 놓겠다고 하였다. 그러나 이 나이에 이르러 무슨 공부를 하려느냐고 망설였다. 컴퓨터에서 인터넷을 검색하다가 우연히 90세 노인의 수기를 읽게 되었다. 60세가 넘어 정년 퇴임을 하고 아무 하는 일이 없이 30년을 허송하고 후회한다는 것이다. 아직 건강한 몸으로 얼마나 더 살게 될지 모르나 10년 후의 또 다른 후회를 하지 않기 위하여 외국어를 배우러 다닌다고 썼다. '그렇다. 나도 배워야지.' 하는 마음으로 수강을 결심하게 되었다. 지금 2년째 수필 강의를 수강하고 있다.

돌이켜 보면 나의 걸어온 길은 참으로 험난한 길이었다. 역경을 극복하고 열심히 살아왔다. 가난한 농부의 아들로 태어나 일제 강점기에 초등학교도 재수생으로 입학하였다. 해방되고 몇 년 후 우리 마을에 중학교도 새로 생겼으나 오늘날과 같은 장학제도는 없었다. 아버지의 유전자를 받아서인지 나는 친구들에 비해 특별히 기억력이 좋아서 공부는 당연히 상위급이었다. 그러나 중·고등학교를 어렵게 다녔다. 학비를 내지 못하여 자퇴서를 내니 교장 선생님께서 한 학기분 학비를 대신 내어주셨다.

고등학교를 졸업하고 육군에 입대하여 복무 중에 도미 유학 시험에 선발되어 미국에서 공부하게 된 영광을 얻게 되었다. 그러나 혼자 낯선 땅에서 생활하는 가운데 매주 토요일마다 있는 시험에서 연속 3주간 낙제 점수를 받아 퇴교 대상에 올라버렸다. 30명 학급에 외국인은 나 혼자이다. 낙제 점수를 받은 3주 내내 저녁 식사 후에 스터디 홀(study hall)이라는 방과 후 교육을 받아야 했다.

  강의 내용을 제대로 알아듣지 못하고 멍청한 학생이 되었다. 숙소에 돌아와서 밤새워 사전을 찾아가며 교재를 번역하며 공부했다. 교무처에 불려가서 퇴교를 결정할 심사를 받았다. 공부하기 싫은가, 향수병에 걸렸느냐, 귀국하고 싶은가, 이런 질문이다. 아니라고 대답했다. 애로사항이나 요구사항을 묻는다. 시험시간이 모자라 답안을 다 쓰기 전에 종료된다. 문제를 이해하기 어려워 시험 때에 영한사전을 볼 수 있게 하여 달라고 요구했다. 이것이 모두 받아들여져서 30명 중에 졸업하는 19명에 포함되는 행운을 얻었다. 실무부대에 배속되어 얼마간의 실무 경험을 얻고 귀국하였다.

  귀국 후에 7월 초순 인천의 RCAT 부대에 전속되어 복무하였다. 영어를 공부해야 한다. 학창 시절에 수학에만 전념하고 영어를 등한시한 것이 후회되었다. 고등학교를 졸업한 지 6년이 지났다. 항상 마음속에서 갈망하던 대학에 진학하려고 마음먹었다.

  시간이 얼마 없었다. 인천 배다리시장 헌책방에 가서 고교

3학년 교과서를 사서 모았다. 내가 다니던 때의 교과서가 아니다. 몇 개월 안 남은 기간이다. 한 번 읽어보는 데도 시간이 부족한 것이다. 진로도 고민이다. 적성이나 취미를 생각하면 한양공대 전자공학이나 어느 사범대학의 수학과를 택해야 한다. 그러나 미국에서 뼈저리게 느낀 것이 영어 공부이다. 겁도 없이 서울문리사범대학 영어과에 지원했다.

입학시험에 선택과목으로는 물리를 택했다. 시험관이 시험지 한 장을 들어 보이며 물리를 선택한 학생이 누구냐고 한다. 문과 학생이 물리를 선택한 것은 나 혼자였다. 문제를 받아보니 아주 쉬웠다. 그러나 다른 과목은 영 자신이 없어서 불합격이라고 단념하고 발표하는 날에도 가지 않았다. 내년으로 미루려고 했다. 며칠 후 합격 통지서가 배달되었다. 꿈만 같았다.

동급생보다 6, 7세 많은 만학도로 열심히 다녔다. 영어과는 문학 전공이 아니고 어학 전공이다. 그래서 문학과는 다소의 거리가 있다. 어느 날 교내 백일장이 있었다. 권오규라는 친구가 내 이름도 수필부에 등록하였으니 같이 가자고 조른다. 반강제로 끌려가서 참가하였다. 가을이라는 주제가 제시되었다. 그러고 며칠 후 늦게 등교하니 친구들이 한턱내라고 한다. 영문도 모르고 왜냐 했더니 게시판 안 보았나 수필부 장원이라고 하였다. 믿기지 않았으나 게시판에 분명히 붙어있었다. 지금 생각하니 오늘날 내가 여기서 수필 공부하도록 하는 것도 무슨 인연 같다고 여겨진다.

20여 년간 회사에 근무하면서 사장의 연설문을 작성하기도 하였다. 부산 통역봉사회 모임에서 동인지로 발간하는 《갈매기》라는 잡지에 기고도 하였다. 여러 달 동안 미국에 가 있을 적에도 자칭 미국 특파원이라는 이름으로 《갈매기》에 원고를 보냈다. 때로 기행문도 올렸다. 그러나 지금 생각하면 학술 논문도 아니고 문학적인 아름다운 문장도 아닌 형편없이 부끄러운 글임을 알게 되었다. 재작년(2015년)과 작년 두 차례에 걸쳐서 박희선 선생님의 강의를 듣고 나니 이제는 수필이 어떤 것인지 겨우 눈을 뜨게 된 듯 어렴풋이나마 이해가 간다.

날이 저물어 황혼기에 머지않아 꺼져버릴 할배지만, 수필 동아리 모임 여러분들의 사랑과 배려에 감사함을 느낀다. 청각장애로 인하여 때로는 동문서답하는 실수가 있어도 이해하여 주는 여러분이 있기에 같이 한 멤버가 된 것을 행복하게 여긴다. 동아리 회원들의 훌륭한 작품에 감탄하게 되며 배움에 도움이 되고 있다. 나에게 수필이란 이런 인연이 있기에 오늘도 기쁜 마음으로 여러분을 대한다.

(2017년 늦은 가을날)

아내의 소원은 모두 풀렸다

　과학이 하루가 다르게 발전하고 있다. 그 변화의 속도에 현기증이 일어 어지럽다. 내가 살아온 유년기부터 오늘에 이르기까지 생활환경은 엄청나게 변해있다. 팔십여 년 전 과거의 이야기는 호랑이 담배 피우던 시절이 되었다.
　일제 강점기 제2차 세계대전이 일어나면서 쌀은 군량미 공출로 빼앗겼다. 쌀이 부족하니 끼니를 굶는 일이 많았다. 오늘의 풍요로운 세대에 사는 사람들이 배고픔이 어떤 것인지, 어떤 것이 고생인지 분간하기도 어려울 것이다.
　초가집이 사라진 지 엊그제 같은데 어느새 고급 아파트가 들어서고 예전에 살던 집은 빈집으로 방치되는 사태가 되었다. 호롱불 등잔불에서 생활하다가 전기가 들어오니 딴 세상 같아 보였다. 그러나 초저녁에만 들어오던 전기가 정전도 잦았는데 24시간 가용한 시대에 살고 있다. 산샘에서 물동이로 길어다 쓰던 귀한 물이 집집마다 수도가 들어왔다. 나뭇가지나 나뭇잎, 솔잎을 때던 아궁이가 연탄불로 취사하고 난방시설로 되었다. 연탄가스로 인하여 인명피해도 종종 일어났다. 입식 부엌으로 바뀌고 가스레인지가 등장했다. 전자레인지는 주방의 필수품이 되었다.

사람들은 자신이 궁할 적엔 그것만 벗어나면 모두가 원이 없을 것이라고 말한다. 어려움이 있을 때마다 난관을 극복하기 힘들어한다.

인간의 욕심은 무한한 것인가. 하나를 가지면 또 다른 하나를 가지고 싶고, 지금의 생활보다 더 나은 생활 더 편한 생활을 원한다. 그런 욕망이 과학의 힘으로 발전하고 해결해 가고 있다. 나는 아내에게 말한다. '당신은 이제 모든 소원을 다 풀었는데 무슨 소원이 더 있는가.'라고.

산자락 바위틈에서 쫄쫄 나오는 귀한 물을 밤새워 동이로 이어왔고, 도랑물에 빨래하던 때에 '물이나 펑펑 마음대로 써 봤으면 원이 없겠다.' 했는데 이제는 수돗물을 풍족하게 쓸 수 있게 되었다. 아내의 한 가지 원은 풀렸다.

전기가 없는 집에 살던 때에 '전깃불을 훤하게 켜서 살아봤으면 원이 없겠다.' 했는데 소원이 풀렸다. 셋방살이를 전전할 때 '자그만 집이라도 내 집에서 살아봤으면 좋겠다.' 했는데 작지만 2층집을 가졌으니 또 한 가지 소원이 풀렸다. 빚을 많이 얻어 살던 때에 빚만 없이 살아봤으면 원이 없겠다고 했는데 지금은 은행에 얼마간 예금해 놓고 이자를 받는 형편이다.

60년대 초에 동네에 전화가 있는 집이 몇 안 되었다. 당시에 우리 집 전화는 이웃이 많이 이용하였다. 아내는 전화 심부름꾼이 되었다. 지금은 어른이나 아이나 모두가 휴대전화를 가지고 있으니 전화 심부름은 하지 않아도 된다.

수도가 들어오고, 전기가 가설되고, 셋방을 면하고 자가에 살며 빚 없이 은행이자 수입이 있고, 휴대전화를 가지고 있다. 이만하면 아내의 소원은 다 풀었다고 해도 되겠지요? 지난날 당신네의 소원은 무엇이었나요? 지금은 다 풀렸나요?

노틀 판검사 돈 자루 아멘

– 빛바랜 앨범을 걷어보며 –

　우리 집은 이층 단독 주택이다. 아래층엔 세를 놓고 이층에는 우리 노부부가 살고 있다. 이층에는 방이 셋이다. 오래 전에는 아들딸이 함께 살았는데 방마다 임자가 있다. 큰방은 우리 내외의 것이고 하나는 아들이, 다른 하나는 딸이 쓰고 있었다. 아들딸이 결혼하고 직장 따라 나갔다. 그 후로는 아들이 쓰던 방을 내가 쓰고 있다. 방의 한쪽 벽은 완전히 책장으로 채워지고 빈틈없이 책으로 가득하다. 창고며 베란다에 두었던 책들을 갖다 놓으니 공간이 모자란다. 그래서 딸이 쓰던 작은방까지 점령했다.

　아내가 내 방에 들어오면 정신이 없다고 한다. 책장 가득 꽂힌 책이며 구석구석 쌓아 둔 물건들이 머리를 어지럽게 한다고 늘 불만이다. 회사에서 근무할 때 쓰던 자료와 오래된 책들을 많이 버렸다. 나중에 찾아보고 싶은 자료가 버려져서 아쉽기도 했다.

별로 요긴하지도 않은 것들이 너무 많다. 아내가 버리라고 성화다. 며칠 전부터 정리하려고 고르는데 상당수 골라냈지만, 언젠가 또 찾게 될지 몰라 버리기가 아깝다.

그러던 중 육군 보병학교 표지가 붙은 앨범을 발견했다. 한 장 한 장 넘겨 가며 사진을 보니 감회가 새롭다. 50여 년이 지났으니 단체 사진에는 나 자신도 분간하지 못하겠다.

상무대 육군 보병학교에서 고된 훈련을 마치고 준위로 임관했다. 특수간부후보생(SOCS) 23기다. 앨범에 표시된 글에서 동기생이 150명임을 알았다. 막사는 컨테이너 건물이다.

입교등록을 마치고 4개 구대로 편성되었다. 나는 38명으로 구성된 1구대 소속으로 401번 후보생 명찰을 받았다. 구대의 후보생 대표도 임명되고 향도라고 불렀다. 구대장의 얼굴도 이름도 잊었다. 사진에서 보니 우리 1구대 장은 이강영 중위다.

후보생들의 연령층도 20대 초반에서 30대 중반까지 다양하다. 각 기술 병과에서 선발된 요원들이다. 각 분야별 담당 후보생도 정해졌다. 나는 중대 교육 담당으로 임명되었다. 각 병과의 특기에 따라 병기 담당, 보급 담당 후보생도 정해졌다.

번호순으로 침대 위치가 정해졌다. 침대는 야전용 목침대이다. 두 사람씩 한 조가 되었다. 나는 402번 후보생과 침대를 나란히 놓았다. 보급 담당 후보생이 개인 장구와 침구를 받아다가 나누어 주었다. 병기 담당의 인솔로 병기고에서 M1 소총이 지급되었다. 나는 각 구대의 교육 담당을 불러 교재창으로 갔다. '작전 요무령' 등 교육용 교범을 수령 해다가 분배했다. 입교 첫날부터 눈코 뜰 새 없이 분주하다. 학교장의 훈시가 있다고 그전에 모두 정리하란다. 소총에 명찰도 달고 관물도 정리해야 했다.

각 병과에서 선발된 기술자들은 30대이고 사법 고시를 패스하고 현직에 근무하던 군대 미필자 법무 요원은 20대 후반이다. 신학대학을 졸업한 목사는 20대 중반이다. 갓 대학을 졸업한 경리병과 후보생들이 가장 나이가 적었다. 그래서 중대장이 구호를 만들었다. '노틀 판검사 돈 자루 아멘, 잡탕 와글와글' 지금 생각해도 멋있고 알맞은 구호이다.

노틀은 30대의 기술 요원들이고 판검사는 법무장교 후보생이다. 돈 자루는 경리장교 후보생이고 아멘은 군목 후보생의 대명사이다. 오랜 군대 생활의 경험을 가진 노틀과 처음으로 군대 생활을 시작하게 될 초년생이 함께 모였으니 자연히 잡탕이고 행동도 제각각 와글와글하게 된 것이다. 해군에서 위탁생으로 온 통신병과는 집합 구령이나 용어가 달라 웃음거리가 되기도 했다. 아침 점호를 위해 마지막 불침번이 명령을 전달한다. 이때 '전원 기상 사전에 집합'이란 구호를 '총 기상, 총원 막사 떠나.' 하고 소리친 것이다.

햇볕이 뜨거운 여름 입교 첫날 오후에 땀을 흘리면서 강당에 모였다. 학교장이 입교생들에게 정신 훈화를 했다. 지금은 전혀 생각이 나지 않으나 앨범과 함께 보관하고 있던 수양록 노트를 보니 애국심, 강인한 체력, 전술 전기 연마가 훈시의 내용이었다.

수양록은 입교 첫날부터 매일 매일 일기처럼 기록하라고 학교에서 지급한 노트이다. 참 좋은 제도이고 지금 읽어보니 아! 내가 이런 때가 있었구나! 이런 생각을 했었구나! 하는 내용들이 수양록에 기록되어 추억이 새롭게 떠오른다.

이튿날 첫 교육은 집총 제식훈련이다. 처음으로 총을 잡아보는 후보생과 다년간 군 생활을 해온 후보생이 함께 제식훈련을 하니 참으로 가관이다. M1 소총이 무거워 애쓰는 후보생과 막대기처럼 가볍게 다루는 노병이 함께 집총 훈련을 하다니….

수양록을 한 장씩 넘기며 읽어보니 나도 대단한 요령꾼이었다. 일제시대에 초등학교 때에도 군사훈련을 받았다. 이때 들은 말 중에 일본말로 '군대는 요령을 본문으로 한다.'라는 말이 있다. 일조 점호는 선착순 구보 점호, 일석점호는 사고

보고서 점호다. 아침 동작이 완만하다고 선착순 구보를 시킨다. 오륙십 미터 전방에 있는 건물을 지정한다. '막사 우에서 좌로 돌아온다. 선착순이다. 뛰어 갓.' 구령과 함께 일제히 혼신을 다해 뛰어간다. 도착하는 순서대로 번호를 붙인다. '십오 번까지 열외, 나머지 다시 뛰어 갓.' 서너 차례 뛰는 동안 나는 항상 맨 꼴찌다. 앞에 뛰었던 사람들은 그때까지 가쁜 숨을 쉬고 있지만 나는 전혀 숨 가쁜 기색이 없다. 구대장이나 동료들이 '양 후보생은 구보를 못 해서.' 이름이 나 있다. 그것도 요령인지 모르는 바보들!

매주 토요일의 내무검사와 매일의 일석점호는 후보생들에게 불안한 시간이다. 불량 일색이다. 불량으로 시작하여 불량을 끝난다. '수통 컵 손질 불량, 쪼그려 뛰기 20회 실시.' 복창과 함께 실시한다. '대검 손질 불량, 병기 손질 지극히 불량, 지시 불이행, 정신상태 불량, 양심 불량.' 등등 처음으로 들어보는 용어들이 등장한다.

나는 중대의 교육 담당 후보생으로 사용했던 교범을 반납해야 하고 다음의 교육을 위한 교범을 수령해야 하므로 가끔 점호에 불참하는 경우가 생긴다. 따라서 나의 무기 수입이나 관물 정돈이 잘되지 않는 경우가 많았다. 당연히 지적받는다. 내무검사나 점호 시에 지적받으면 지적 내용을 적은 '사고보고서'를 중대 본부에 제출하게 된다. 이것이 내무점수에 반영된다. 내 침대의 침구 정돈이 안 되었다고 내 옆의 402번 후보생이 지적받았다. '협동 정신 불량'이다. 그는 병기탄약 계통의 기술자이다. 그 후로 점호 준비를 하면서 내게 묻는다.

"양 후보생, 오늘 점호에 참석할 거요?"

참석하지 못한다면 내 것도 정리해야 하는 부담 때문이다. 그래서 나는 402번 후보생의 사고보고서는 중대 본부에 가서 몰래 빼어버렸다. 우리는 이런 협동 정신이 있었다. 불침번은 나 다음이 402번 후보생이다. 교대하자고 깨우면 자기 대신 서고 있으라고 하고는 밤중에 담장을 넘어 밖으로 나간다. 통닭 한 마리를 사 와서 같이 먹었다. 나이는 몇 살 아래인데 보통 재주꾼이 아니었다.

졸업을 며칠 앞두고 체력검정이 있었다. 마지막 코스에 2,000m 달리기가 있었다. 한 후보생이 내게 와서 자기는 장거리 선수라고 했다. 천천히 뛸 테니 자기 발자국만 밟고 뛰면 된다고 한다. 내가 구보를 잘하지 못하니 나를 배려하는 고마운 마음이다. 내 염려는 말고 힘껏 뛰라고 했다. 나도 그이와 함께 상위 그룹으로 완주했다.

"양 후보생, 어떻게 된 거요?"

"나도 학교 다닐 때는 단거리 선수였다."고 대답했다. 남에게 피해를 주지 않으면 요령이 있어야 한다고 실토했다.

다섯째 주 교육이 끝난 후부터는 주말에 외출과 면회가 허가되었다. 어느 날 친구와 광주 시내로 외출을 나갔다. 지리도 모르고 갈 곳도 없다. 중국집 식당에 들어가서 통닭 한 마리씩 주문하고 잘 구워 달라고 부탁했다. 접시에 뼛조각 하나 남김없이 깨끗이 먹어 치웠다. 그 후로 나는 졸업할 때까지 면회도 외출도 없었다. 그래도 면회와 외출이 많은 사람들은 법무, 헌병, 보안 분야의 후보생들이다. 임관 후의 파워를 고려한 정치적인 심리가 작용한 것 같았다. 이들 덕분에 나는 외출하지 않아도 잘 얻어먹었다.

오랜 세월이 흐른 지금에 앨범을 들여다보며 추억 여행을 한다. '노틀 판검사 돈 자루 아멘, 잡탕 와글와글' 구호 속에 나와 친분을 맺었던 동기생 그들은 지금 어디에 있는지? 앨범을 보고 또 보며 수양록을 다시 읽어 본다.

(2018. 1. 26. 아침에)

흔적

　인간은 망각의 동물이라고 한다. 자신의 행위가 시간이 지나면서 잊어버리기 때문이다. 그래서 앞으로 해야 할 일이나 약속 시간을 수첩에 메모해 두기도 한다. 중요한 사항을 달력에 표시하기도 한다. 요즘은 스마트폰이 발달하여 참으로 편리해졌다. 수첩 대신에 약속 사항이나 기념일 예정 사항 등을 여기에 저장하여 두고 있다. 잊어버리면 안 되는 소중한 내용들이다.

　얼마 전에 책장에 가득 찬 낡은 책들을 정리하다가 귀중한 자료를 발견하였다. 누렇게 색이 바랜 일기장이다. 육군 보병학교 특수 간부후보생으로 훈련받던 때의 기록이다.

　'나를 따르라'라는 표어가 붙은 일기장은 「수양록」이라고 표제가 붙어 있다. 제12중대 교번 401번 양성보라는 표지를 보면서 책장을 넘겼다. 입교 첫날에 지급된 일기장은 매일매일 중대장의 검열을 받았다. 따라서 부정적인 내용보다 긍정적인 내용이 더 많았다. 입교 첫날 등록부터 졸업 전날까지 기록 하나하나가 추억을 넘어 귀중한 자료임을 깨달았다. 이 속에 담겨있는 내용들이 앞으로 내가 살면서 매사를 긍정적으로 생각하라는 교훈이 되기 때문이다.

처음 만나는 동기생 이야기, 입교식에서 행한 교장의 훈시, 담력을 키우는 유격훈련장, 목표를 정해놓고 선착순 구보, 훈련 중 요령을 피우던 일, 쪼그려 뛰기에서 양심 불량을 고백한 수양록, 교육 담당 후보생으로 바쁘게 지내던 일, 훈련을 통하여 수양 되는 과정이 일기장 속에서 볼 수 있었다. 까맣게 잊어버린 당시의 흔적들이다.

일기장을 한 장 한 장 넘기면서 시간 가는 줄 모르고 자정을 넘겨도 다 읽지 못했다. 중학교 학생일 때에 탐정소설을 읽으면서 밤새우던 기억이 난다. 지금은 어쩌다 밤을 새우면 뒷날 여간 피로를 느끼는 것이 아니다.

사람들은 자신의 흔적을 미화하여 남기려 하거나 불미한 흔적을 지우려는 경향이 있다. 아름다운 흔적은 후세 사람들의 빛이 된다. 세월이 가면서 없어지는 흔적들을 후세 사람들이 발굴하려는 노력도 행해지고 있다. 옛사람들의 흔적을 비문에서 찾아볼 수가 있다. 그런데 언젠가 김종필 전 총리가 운명하기 전에 자신의 무덤에 세울 비문을 작성하고 묘지에 세웠다는 뉴스를 보았다. 어떤 면에서는 사전 준비가 철저한 것이었다.

사람들의 행적은 기록으로 남게 되어 있다. 지난날 써 두었던 일기장은 자신이 걸어온 생활의 흔적이다. 자신의 사상과 감정이 그대로 표현된 기록이다. 그 흔적을 나는 명언으로 전해지는 묘비명에서 발견한다. 철학적 사고로 인생을 되돌아보게 한다. 어느 시대 누구의 비문인지는 잊었지만, 이것을 통해 더 많은 것을 느낄 수가 있다. 묘지에 세워진 비문이 덧없이 흘러간 인생사의 진실이다.

어느 성직자 묘지 입구에

'지나가는 이여, 내가 지금 잠들어 있듯이 그대 또한 반드시 잠들리라.'

'오늘은 내 차례, 내일은 네 차례.'라고 적어 삶이 유한하다는 것을 암시하고 있다.

'나는 어제 너와 같았으나 너는 내일 나와 같으리라.' 이 비문을 읽는 사람마다 세대 차이가 있고 느낌이 다를 것이다. 나는 나의 비문에 무엇을 남길 수 있을까.

비문 이야기를 적다 보니 과천 남태령에 있는 〈송덕비문頌德碑文〉이야기가 생각난다. 조선시대 지방 수령 중에 과천 현감은, 서울이 가까워 오가는 고관을 접촉하기 쉽고, 또 세금

징수가 많아서 재물을 모아 뇌물을 바쳐 중앙의 요직으로 영전하기 쉬운 자리였다고 한다. 어느 때 과천 현감이 영전하여 서울로 떠나게 되자, 아전들이 송덕비를 세우겠다며, 비문 내용을 문의하자 현감은 '너희들이 알아서 하라.'고 했다.

아전들이 남태령에 송덕비를 세운 후, 떠나는 날 현감에게 제막식을 하고 가시라고 했다. 그리하여 송덕비 제막식에서 현감이 비석의 막을 벗기자 비문에는,

'今日送此盜(금일송차도; 오늘 이 도둑놈을 보내노라)'라 새겨져 있었다. 이를 본 현감은 껄껄 웃고 그 옆에 한 줄 더 새겨 넣었다고 한다.

'明日來他賊(명일래타적; 내일 다른 도둑놈이 올 터인데)'라고 적었다.
현감이 떠나자 아전들은 기가 막혀 또 한 줄을 새겨 넣었다.
'此盜來不盡(차도래부진; 도둑놈들만 끝없이 오는구나)'라고.
행인이 지나가다가 이를 보고 또 한 줄을 더 보태었다.
'擧世皆爲盜(거세개위도; 세상에 온통 도둑놈뿐이로구나)'

今日送此盜/ 明日來他賊/ 此盜來不盡/ 擧世皆爲盜

이 만고의 명시를 바위에다 새겨 여의도 국회의사당 정문 앞에 세우면 어떨까?

근래에 불법적인 범법 행위를 수사하면서 압수수색을 실시했다는 뉴스가 종종 전해지고 있다. 범행 증거를 찾고 증

거인멸을 우려해서다. 범행의 흔적을 증거로 구속이 이루어지기도 한다. 양심이 올바른 사회가 아쉽다.

우리 속담에 '원수는 물에 새기고, 은혜는 돌에 새기라.' 하는 말이 있다. 은혜나 원수도 시간이 지나면 잊어버리기 때문에 은혜는 돌에 새겨 오래도록 보존해야 한다는 것이다.

원수는 물에 흘려보내는 습관이 필요하다. 은혜를 모르고 배은망덕한 사람이 되어서도 안 되고 섭섭했던 감정을 담아두어서도 안 된다는 교훈을 우리에게 전하고 있다.

지역마다 개발이 활발하게 이루어지면서 사라져가는 유적들이 많다. 역사적으로 보존 가치가 있는 유적들은 많은 돈을 들여 흔적을 남기고 있다. 부산의 영도다리도 교통의 불편을 감수하면서 도개식으로 신설되었다. 지방 곳곳에 노래비가 설치되고 유원지마다 전설을 비문에 새겨두고 있다.

우리는 태어날 때부터 많은 은혜를 받은 것이다. 그러나 이런 단순한 사실을 망각하며 살아오고 있다. 또한 수많은 상처를 경험하며 살아왔다. 내 마음속에 박혀 있는 상처들로 인하여 괴로워하지 말고 흘려보내야 한다. 인생은 지나고 나면 추억이 되고 그 추억은 고통스러울수록 아름답다고 하였다. 언제나 긍정적인 마음으로 가볍게 하루하루를 살아가도록 하는 지혜가 필요하다.

'원수는 물에 새기고, 은혜는 돌에 새기라.' 조용히 생각해 보면 참으로 좋은 교훈인데, 우리는 그것을 거꾸로 할 때가 있다. 잊어서는 안 될 소중한 은혜는 물에 새겨 금방 잊어버리고 마음에서 버려야 할 원수는 돌에 새겨 두고두고 기억하는 일이 있어서는 결코 안 될 일이다. 나이 들수록 은혜를 새기고 늘 감사하며 살아가는 삶이 되기를….

아내를 돌보며

오후 늦은 시간이다. 낮잠 자던 아내가 깨어나서 내게 묻는다.

"우리, 아침 먹었어요?"

"아이고 여보, 지금 몇 시인데? 오후 세 시오." 자고 나니 아침으로 착각한 것이다.

어느 날 아내가 현관문 밖에 서 있다가 한 고향 친구가 지나가는 것을 보았다.

"야, 오래간만이다."라고 반갑게 말했다. 잠시 후 그이가 돌아오는 것을 보면서 아내는 또다시 "오래간만이다." 하고 말한다.

"아이고 언니, 방금 갈 때 보았지 않아요." 아내는 조금 전에 보고도 그 사실을 잊은 것이다.

어느 날 이웃에 사는 거동이 불편한 할머니가 지팡이 짚고 밖에 나와 있었다. 아내와 마주 보며 손을 흔들어 인사한다. 아내가 만나보고 오겠다면서 내려갔다. 무슨 말을 한참 동안 하다가 돌아온다. 웬일인가 집으로 오지 않고 옆집 골목으로 가기에 거기 또 만날 사람이 있나 보다 하고 기다리는데 한참 동안 오지 않는다. 지켜보다가 내려가 보니 아내가 남의 집 대문을 두드리며 문을 열라고 소리치고 있었다. 우리 집과 대문의 모양도 다른데 아내가 착각한 것이다. 내가 마을 금고에 다녀온다고 말하고 갔다 오면 어디 갔었냐고 묻는다.

  며칠 전에 할머니 생신이라고 아들 내외와 손녀들이 왔었다. 부산항, 오륙도, 해양대학이 보이는 고급 식당 5층에 예약을 했단다. 바다의 좋은 전망을 보면서 맛있는 음식을 먹었다. 집에 가면 전화하라는 할머니 당부가 있어서 손녀로부터 전화가 왔다. 전화를 받으면서도 아들네가 왔던 사실을 모른다. 건망증이 심하고 치매가 있어서다. 금방 한 일이나 말도 종종 잊어버린다.

  아내는 올해 졸수卒壽의 나이다. 백세시대 인생이 내 발 앞에 와 있다. 10년이면 강산이 변한다고 했던가. 치매로 인하여 옛날의 기억은 생생한데 최근의 일은 모두 잊어버린다. 아내 건망증이 두드러진 것을 내가 느낀 시기는 10여 년 전이다.

언제인가 조금 전에 물었던 것을 다시 묻는다. 같은 일을 여러 번 묻기에 왜 또 묻느냐고 언성을 높였더니 화를 내며 대꾸한다. 귀머거리가 아니야라며 왜 큰소리냐고 대든다. 하마터면 부부싸움이 될 뻔했다. 며칠 후 반복되는 말에 내가 조금 볼륨을 높였더니 또 말싸움이다.

부엌에서 늘 쓰던 칼이나 식기를 엉뚱한 곳에 두고 음식을 데치다가 잊어버리고 냄비를 태우는 일이 있었다. 그제서야 내가 깨달았다. 아내가 건망증이 심해진 것이다. 날이 갈수록 건망증이 더해진다. 이제부터 모든 것은 내가 챙겨야 하겠다고 생각되었다.

내가 일이 있어서 외출해도 마음이 불안하다. 끼니도 내가 챙겨 주어야 한다. 나의 모든 모임은 특히 저녁 시간 모임은 포기해야 했다. 객지의 아이들은 엄마를 돌볼 여건이 못 된다. 치매의 아내를 보살펴야 하는 것은 내 몫이다. 젊은 시절 직장생활에 전념할 수 있었던 것은 아내의 헌신적 노력의 결과이다. 이제부터는 내가 갚아야 할 빚이라고 생각한다. 전기밥솥에 밥 짓는 것 말고는 음식을 제대로 차릴 줄 몰라 하나씩 아내에게 물어가며 하고 있었다. 궁하면 길이 열린다고 지금은 아내보다 내가 더 잘한다. 인터넷 검색으로 레시피의 도움을 받을 수 있기 때문이다.

아내는 입맛도 변했다. 전에 잘 먹던 김칫국도 이제는 맛

없다고 한두 술 먹고 만다. 아내가 밥을 제대로 안 먹으면 왠지 속상하다. 어떻게 해 주어야 잘 먹을까 걱정이다. 요즘은 가끔 아내와 나의 메뉴가 다르다. 아내를 위해서는 돼지국밥을 사다 끓이거나 생선국을 따로 끓여주어야 한다. 아침을 먹고 나면 점심은 무엇으로 할까, 저녁은 또 어떻게 하면 좋을지 걱정이다. 설거지를 끝내고 다음 식재료를 준비하고 나면 여유 있는 시간이 그리 많지 않다. 내가 직장생활 할 때는 전업주부들이 집에서 한가히 지내는 줄 알았다. 이러고 보니 아내가 남편을 위해, 주부들이 가족을 위해 얼마나 신경을 썼는지 이제야 조금씩 짐작이 간다. 주부들의 고심을 결코 가볍게 여겨서는 안 된다는 것을 깨닫게 되었다.

외식도 신경이 쓰인다. TV를 보다가 짜장면을 먹고 싶다고 하여 막상 가면 마음이 달라진다. 이 모든 것이 세월이 안겨준 병인가 한다. 슬프지만 젊은 시절엔 상상도 못 한 현상이다. 치매 노인의 생활을 겪어보지 않은 사람은 알 리가 없다. 지난날 살아온 세월의 수많은 사연이 알알이 떠오른다.

세월에 장사 없다고 내 몸도 고장이 잦아진다. 비록 몸은 허약하여 거동은 불편해도 정신이 건강하니 다행이다. 하지만 화창한 가을날에 태풍이 일 듯 언제까지 내가 아내를 돌볼 수 있을지 걱정이다. 욕심이지만 마지막 생이 끝나는 순간까지 고장 없이 보호자로 일할 수 있었으면 좋겠다. 남을 위해 등불을 밝히다 보면 내 앞이 먼저 밝아진다고 한다. 이제는 아내 혼자 외출을 못 하게 하고 내가 동행해야만 한다. 가까운 바닷가로 산책할 때도 같이 가야 한다.

억겁의 세월이라는 말이 있다. 우리가 만나는 모든 사람은 '겁'의 인연으로 표현한다. 눈 깜짝할 사이를 '찰나'라 하고, 손가락 한 번 튕기는 시간을 '탄지'라 하고, 숨 한 번 쉬는 시간은 '순식'이라고 한다. 반면에 '겁'이란 헤아릴 수조차 없이 길고 긴 시간을 말한다. 500겁의 인연이 있어야 옷깃을 스칠 수 있고, 부부의 연은 7,000겁. 부모 자식의 연은 8,000겁이라 한다. 우리는 겁의 인연으로 만나 90성상 살아온 부부가 아닌가. 흘러가는 세월에 바람처럼 인연이 다해서 이승을 떠나는 날까지 아내를 지켜야 하는 것이 내게 주어진 책무다.

아내는 치매로 건망증이 심하지만, 말도 잘한다. 전화를 받고는 누구와 무슨 말을 했는지 기억을 못 하지만, 전화로 대화할 때는 정상이다. 지팡이를 짚고 같이 산책을 나서도 나보다 더 잘 걷는다. 모든 일을 자신만만하게 생각한다. 방바닥 닦기를 지나치게 자주 한다.

그런데 무슨 말인지 혼자 중얼거릴 때가 많다. 가족 간에 섭섭했던 일들을 떠올리며 짜증 내며 중얼거리기도 한다. 엉뚱한 말이나 치매 행동에는 내가 감당하기 벅차다. 맑은 정신일 때는 아주 정상인데 치매 증세가 일어나면 180도 다른 모습이다. 사람은 환경에 따라 변한다고 한다. 이럴 수도 저럴 수도 없을 때는 포기하는 것이 편하다.

아들딸들이 엄마의 치매에 걱정을 많이 한다는 것을 안다. 번갈아 가면서 매일 전화로 문안의 말을 한다. 요즘은 아들의 주선으로 요양보호사가 일주일에 두 번 방문한다. 같이 산책하고 대화의 상대가 되어준다. 같이 마트에 가서 시장을 봐다 주니 내가 조금 편해졌다. 했던 말을 자주 되풀이해도 요양보호사가 알아서 대꾸해 준다. 자기를 알아보지 못해도 웃으며 친구라고 말한다.

내가 아내를 보살피지 못하면 아들딸들에게 짐이 될 것이다. 오래 산다는 게 죄가 되는지 모르겠다. 그러나 나는 천수를 누리며 무사하게 살아왔으니 행운이고 이에 감사하고 있다. 몸이 여기저기 아프기 전에, 치매가 오기 전에 죽었더라면 이런 고생은 하지 않았을 것이 아니겠는가! 그러기에 오래 살았으니 행복한 고생으로 여기면서 아내의 치매를 돌보고 있다.

(2022년 11월 초순)

우리 집 설날 분위기

　설날은 가족 잔치의 날이다. 올해는 을사년(2025) 푸른 뱀의 해라고 한다. 1월 25일이 토요일이고 27일이 월요일, 28, 29, 30일이 3일간 설 공휴일이다. 정부에서는 27일을 임시 공휴일로 정해서 25일부터 6일간 연휴가 된다. 그런데 직장에서 31일을 휴가로 얻으면 연휴가 9일로 늘어난다. 외국 여행을 원하는 사람들에겐 절호의 기회다.
　언제나 연휴에는 외국 여행을 가려는 사람들이 많은 추세다. 뉴스에 의하면 인천공항과 김해공항 출국장이 대혼잡을 이루었다고 전한다.
　직장이나 사업상의 이유로 고향을 떠나 도시에서 생활하던 사람들이 명절 때면 선물을 사 들고 역이나 버스터미널에 운집하는 현상도 아름다운 풍경이다. 귀성 도로의 정체도 뉴스거리다. 대설과 도로 결빙으로 인한 교통사고 소식은 참으로 안타깝다. 인명 피해가 발생한 가정에는 즐거운 명절이 슬픔의 명절로 되니 안타깝다.

집에서 차례상을 차리고 떨어져 사는 가족들을 맞이해야 하는 집에서는 며칠 전부터 설 준비에 신경을 많이 쓰게 된다. 외국 여행은 전혀 생각도 못 한다.

나는 3남 1녀 중 장남이다. 설이나 추석엔 모두 우리 집으로 모였다. 내가 85세가 되는 해의 설날로 기억된다. 시간은 가고 세월은 흐르게 마련이다. 아내는 나와 동갑인데 건망증이 극심하다. 금방 했던 일도 잊어버린다. 주방에 와서도 무얼 하려고 왔는지조차 생각이 나지 않는다. 이런 일이 한두 번이 아니다. 모든 것을 내가 챙기지 않으면 안 되는 형편이다. 다행히 경산에 사는 며느리가 와서 아내와 같이 음식을 장만했다. 대전에서 일하는 아들과 서울에서 대학에 다니는 손녀가 2일 전부터 와서 일을 거드니 설 준비는 수월했다.

명절에는 언제나 대가족이 모인다. 큰 가족 잔치였다. 각지에 떨어져 사는 우리 4남매의 가족과 손자 손녀 등 모두 30여 명이 모이는 큰 행사였다.

우리 민족의 대명절인 설날이 다가오면 마음이 바빠진다. 차례상 준비에 혹 빠진 것은 없는지, 무엇부터 먼저 해야 하는지, 품목과 할 일을 하나하나 적어놓는다.

절편과 백설기는 방앗간에 주문하면 되고, 과일과 생선도 미리 준비되었다. 빙떡은 누이동생의 책임이다. 조율이시도 빠져서는 안 되겠지. 모든 행사는 준비가 철저해야 성공적으로 치를 수 있는 것이다. 며칠 전부터 재료를 준비하고 전날 저녁까지 여럿이 와서 음식을 장만하여 두었으니 내어다가 차례상을 차리면 된다.

안방에 병풍을 치고 정성스럽게 만든 제물을 올리고 전통에 따라 반좌갱우, 어동육서, 두동미서, 홍동백서, 조율이시로 진설하여 차례를 지낸다. 바로 밑의 동생은 기독교 신자다. 같이 참여해도 절을 하지 않는다. 차례 마지막에 그의 가족들은 차례상 앞에 무릎을 꿇고 앉아 합장하고 묵념으로 기도한다. 보는 사람에 따라 생각은 다를 수 있을 것이다. 나는 긍정적으로 이해하고 아름다운 현상이라 여기고 싶다. 차례를 지내고 나서도 거실에 다 모일 수가 없어서 다른 방으로 나누어 밥상을 차린다. 식구가 많으니 음식도 넉넉하게 준비해야 한다. 심부름하는 조카들과 손녀들의 움직임이 척척 잘 맞아 좋았다.

식사가 끝나고 나면 세배의 순서이다. 나와 아내가 먼저 세배를 받는다. 동생들과 매제로부터 절을 받으며 마주 절을 하고 무병장수 건강을 비는 덕담을 주고받는다. 한편 생각하면 80이 넘은 아우로부터 절을 받아야 하는지 모를 일이다.

이제부터는 생략하자고 제안했더니 매제가 그건 절대로 안 된다는 것이다. 이것이 아이들에게 교육도 되는 것이라고 하여 그대로 시행하기로 했다.

세배는 세대 순으로 진행되었다. 1세의 상호 간 세배를 끝내고 2세인 아들딸 조카의 세배를 받는 차례다. 1세의 형제들이 나란히 앉고 2세들이 그룹을 나누어 배례하면 모두에게 1세들이 세뱃돈을 준다. 다음은 3세인 손자 손녀의 세배가 이어졌다. 몇 명씩 그룹을 지어 진행하는 데도 제법 시간이 걸린다. 세뱃돈은 모두 똑같이 주어야 한다는 아내의 제안이 있었지만, 차등을 두고 지출했다. 그 당시 대학생과 고등학생에게는 5만 원, 중학생 이하는 3만 원을 주었는데도 제법 많은 돈이 나갔다. 여러 사람으로부터 세뱃돈을 받아 들고 헤아리며 좋아하는 아이들을 보며 이것이 바로 행복이라고 느껴졌다.

1세대 세배가 끝난 다음은 안방에서 2세대가 3세대로부터 세배를 받는 순서다. 큰방에서 행해지는 행사의 웃음소리가 거실에까지 들린다. 세배하면서 무슨 재미있는 일이 벌어지고 있는 모양이다. 손자 손녀들이 번갈아 드나들더니 드디어 즐거운 행사가 끝나고 모두 큰방에서 나온다. 모두의 표정이 밝아 보였다.

오늘 참여하지 못한 조카들로부터 전화가 온다. 진주에서 병원에 근무하는 조카는 응급실 당직 의사가 되어 못 왔다. 여러 사람이 번갈아 전화를 바꾸며 통화했다. 서울에서 순환기 내과 교수로 있는 조카 역시 당직이라고 참여를 못 해서 전화로 인사를 한다. 고향 떠나 서로 떨어져 살다가 형제들이 모여드니 왁자지껄 웃음꽃이 핀다.

우리는 이렇게 즐거운 설날을 보내지만, 이날이 올 때마다 시름에 젖은 실향민이 있고 먼 타국의 어느 바다에 항해하는 외항선원도 있다. 특히나 북에 두고 온 가족의 생사도 모르는 실향민과 탈북인들의 마음을 누가 알랴! 임진각에서 북쪽을 향해 예를 올리는 것을 생각하면 남의 일 같지 않아 가슴이 아프다.

식사가 끝난 뒷정리도 만만치 않다. 주방에서 여자들의 손놀림이 척척 잘 맞아간다. 쓰레기 정리까지 모두 끝내고 나면 환담하는 시간이 별로 많지 않다.

이제 우리가 고령이고 보니 아들 내외가 다음 제사부터 자기네가 차리겠다고 제안한다. 4남매의 논의가 진행되었다. 아내는 반대한다. "며느리가 집에서 살림하는 주부가 아니다. 학교에 다니는 아이들을 챙기며 대학교수로 직장생활에 여념이 없는데 어떻게 할 수 있겠나. 내가 할 수 있는 날까지 하다가 정말 할 수 없게 되면 그때부터 아들네가 하면 된다." 하고 거절했다. 매제의 의견은 누구의 말보다도 큰집 아주머니의 의사에 따라야 한다고 했다. 다른 형제들도 부산에서 지내는 것이 온 가족이 모임도 편하고 분위기도 좋을 것이라는 의견이다. 내가 결론을 내렸다. 아들과 며느리의 요구는 효심으로 받아들이고 당분간 이전과 같이 우리 집에서 지내기로 한다. 이의가 없이 결말을 지었다.

그로부터 3년이 지나고 한 5년 전부터 경산에서 아들네가 단출하게 차례를 지내고 있다. 자연히 대가족의 모임도 없어졌다. 예전의 우리 집 설 풍경이 그립다.

짧은 환담 시간에 헤어지기 아쉽고 섭섭하지만 어쩌랴! 오후 늦은 시간, 한 팀씩 배웅받으며 기장, 해운대, 정관에서 온 식구들이 가고 구미에서 온 막내딸 식구들과 경산의 아들네는 자고 내일 떠나기로 했다. 모두 모두 안녕, 새해 복 많이 받으세요.

등자나무 화분

　춘분도 지난 3월 하순이다. 봄바람이 온 누리에 활기를 재촉한다. 하루가 다르게 삼라만상이 변하고 있음을 느낀다. 텃밭에 곱게 피었던 매화가 시들어지고 작년에 캐다 남은 배추에도 동이 서고 꽃이 피고 있다. 태종대 공원 산책길에도 백목련이 활짝 피었다. 자목련이 백목련보다 아름답다는 친구도 있다. 그러나 나는 백목련이 더 곱고 아름다워 보인다. 걸음을 멈추고 한참이나 바라보다가 지나간다. 산책길에서 보는 초목에서 봄을 실감한다. 우리 집 베란다에 있는 화분들도 내어놓을 때가 되었구나. 나는 특별히 유자나무 화분에 관심이 많다. 청학동 친구가 등자라고 이름 붙인 화분이다.
　남포동 '길 카페'에서 친구들 모임이 있었다. 젊은 시절 같은 부대에서 생사고락을 같이했던 전우들의 정기모임이다.

버스를 타고 오가는 길 동삼삼거리에서 영도구청 사이의 벚나무에는 꽃망울이 활짝 피려 하고 있었다. 우리에게 봄을 알리는 전령임을 말해주고 있었다.

나는 사계절 중에 유독 봄이 오기를 기다리는 것 같다. 한껏 움츠리게 했던 겨울 추위를 벗어나고 싶은 마음에서이다. 봄바람이 불어오면 몸도 마음도 가벼워진다. 두툼한 잠바에 두꺼운 장갑을 끼고 새벽에 산책하던 우리 부부도 어느새 가벼운 옷차림으로 변해가고 있다. 다 말라 죽어버린 것 같던 나무에서 새싹이 돋아나고 있다. 새로운 생명을 불어넣어 주고 힘차게 자랄 채비를 갖춘다. 화분 꺼내는 시기가 늦은 것 같은 생각이 들었다. 같은 모임에 참석하는 친구에게 화분 꺼내는 시기를 물어보았다. 그는 농과대학 출신으로 일기예보를 중시한다. 섭씨 3도 이상이면 꺼내고 그 이하이면 들여놓아야 한다고 했다.

어디에 가나 봄소식이 있다. 들에는 가지각색의 들꽃이 앞다투어 필 것이고 산에는 나무들이 푸른 잎으로 덮일 것이다. 얼었던 강이 풀리니 물고기들도 기운을 차리겠지, 바다에는 숭어가 뛰는 모습도 볼 수 있으리라. 겨울 철새가 가고 강남에서 제비도 찾아오는 3월이지만, 언제부터인가 제비를 볼 수가 없다. 우리 집 아래층 현관 위 벽에 제비가 집을 지어 귀여운 새끼를 본 적이 있는데 여러 해 전 일로 오래되었다. 아마도 환경의 변화가 원인일 것이라 여긴다. 먹이가 있어야 모일 텐데 약품 살포로 먹이가 되는 모기 파리가 없으니 분명 다른 곳으로 옮겨 갔으리라. 동시에 잠자리도 보기 드물다.

이제는 겨우내 베란다에 놓아두었던 문주란, 등자 등의 화분들을 꺼내놓아야 하겠다. 내가 특별히 등자에 관심이 가는 이유가 있다. 청학동의 친구로부터 얻어다 키웠기 때문이다. 그 친구는 농과대학을 나와 화초에 대한 지식이 풍부하고 꺾꽂이(삽목)를 전문으로 한다. 그는 집 옥상에서 여러 종류의 화초를 키우고 있다. 그렇게 키운 화초를 친구들에게 나누어 주고 있다.

어느 해인가 열매가 달린 등자 한 그루를 얻어다가 텃밭 노지에 심었는데 활기차게 자랐다. 키가 1미터도 훨씬 넘게 번창하였다. 겨울에 얼어 죽지 않게 하려고 사방에 말뚝을 박고 비닐을 둘러서 바람막이하였다. 아뿔싸 영하 7, 8도가 2, 3일 계속되더니 그만 얼어 죽고 말았다. 뿌리 부분만 남겨두고 나무를 잘라내었다. 그런데 놀랍게도 이듬해 늦은 봄에 그 뿌리에서 두 개의 새싹이 돋아나고 또다시 힘차게 자랐다. 연필 굵기만 한 가지 하나가 가을에 강한 바람을 맞아 부러졌다. 아까운 생각이 들어서 그 가지를 잘라서 두 개를 작은 화분에 각각 꽂아 두었다. 아내가 열심히 물을 주어서

인지 그중 하나가 새싹이 나고 자라기 시작했다. 다른 하나도 아직 죽지는 않은 것 같다. 잎이 달렸던 부분에서 싹이 나오려는 증세가 보이는 것 같아서 기다렸는데 살아났다.

  새로 돋아난 노지의 나무를 이번에는 죽이지 않으려고 비닐 대신 헌 담요를 둘러쳤다. 겨우내 영상의 날씨에는 햇볕을 받으라고 윗부분을 열고 저녁엔 닫곤 했다. 이번에는 성공인 줄 알았다. 그런데 영하 7도 이하로 내려가는 강추위가 2, 3일 계속되더니 또다시 얼어 죽었다. 안타깝고 속상하다.

  이 사실을 제주도에 사는 친척에게 물었다. 어린 등자나무는 영하의 날씨가 3일 이상 계속되면 거의 다 죽는다고 하였다. 이제는 노지 재배는 포기해야 하겠다. 그 대신 꺾꽂이로 화분 재배를 계속하고 있다. 다른 화분에는 별로 애착을 못 느끼는데 유독 등자에는 마음이 끌린다.

  지금 제주에는 여러 가지 감귤 신품종이 개발되고 있다. 등자는 보기만 좋았지, 맛도 시고 상품 가치는 없으나 관상은 좋은 품종이다. 크기도 둘레가 30, 40㎝나 되고 노란색이 탐스럽다. 차로 달여서 감기 예방약으로 쓰이기도 한다.

  어느 늦은 가을 한 친구와 같이 시중에 돌아다니다가 중앙동 어느 식물가게 앞 화분에 곱게 자란 등자를 보았다. 친구와 그 화분을 유심히 바라보고 있었다. 그 가게 주인이 나와서 "무엇을 그리 탐스럽게 봅니까?" 하고 묻는다.

"저 등자를 어디서 구했어요?" 하고 물으니 전화번호를 알려주겠다고 적어주신다. 그 전화번호의 주인공이 바로 청학동의 그 친구인 것을 알고 우리는 말없이 돌아왔다.

내게 세 차례나 무상으로 준 친구의 성의를 생각해서 잘 가꾸고 싶다. 꺾꽂이 기술도 습득하고 원하는 지인들에게 화분을 나누어주며 기뻐하고 있다.

아직도 내게는 할 일이 많다

　흐르는 시간을 잡을 수 없었다. 모든 게 너무 빨리 지나가 버리니 한없이 아쉽다. 세월은 내게서 내가 가진 모든 것을 앗아가고 있다. 하나씩 둘씩….

　내 젊음이 어느새 도둑을 맞았다. 활기찬 욕망을 가져가더니 열정마저도 빼앗아 갔다. 남다르게 기억력이 좋다는 말을 들으며 살아왔는데 이것마저 사라져간다. 아마도 저 세월이 분명 범인일 것이다. 몰래 살그머니 숨어 들어와서는 무엇인가를 슬그머니 가져가 버린다. 나도 모르는 사이에 하나씩 내게서 사라지고 있으니 이것들을 지켜낼 방법이 없을까. 아무쪼록 건강을 유지하면서 희망과 용기는 잃지 말아야 하겠다.

　나이는 시간과 함께 달려가고 뜻은 세월과 더불어 사라져 간다는 말이 나를 안타깝게 한다. 시간의 흐름이 우리에게 실망만을 주고 있는 것인가? 그렇지 않을 수도 있다.

　춘하추동 사계절의 변화가 우리에게 많은 교훈을 알려주고 있다. 꽁꽁 얼었던 대지가 화사한 봄을 맞으며 생기를 찾게 되고 아름다운 꽃을 피운다. 신록이 짙어지던 여름이 서리를 맞으며 잎이 떨어지고 앙상한 가지만 남는다. 우리의 생활에도 좋은 일과 나쁜 일, 기쁨과 슬픔이 늘 존재한다.

　인간은 망각의 동물이라 하지 않던가. 세월이 나의 젊음과 열정만을 가져가 버리는 것이 아니다. 억울한 일, 곤궁에 처한 아픈 기억, 기쁨도 슬픔도 시간이 흐르면서 함께 떠내려 간다. 이래서 우리에게 마음의 평화를 제공하고 있다. 잡지 못하는 시간 막지 못하는 물을 그냥 흘러가게 내버려둘 수밖에 다른 도리가 없지 않은가.

　모든 것은 지나간다. 'This, too, shall pass away!' 지혜의 왕 솔로몬의 명언이다. 그래서 나쁜 일, 원치 않는 기억은 세월이 가져가라고 내버려두자.

　'어떤 어려운 일도 어떤 즐거운 일도 영원하지 않다. 모두 한때이다.' 법정 스님의 어록에 있는 내용이다. 좋은 일이든 궂은일이든 우리가 겪는 것은 모두가 한때일 뿐이다.

　대자연의 사계는 반복되면서 모든 것이 변화하지만 인생에는 '한 번 더'란 없다. 되돌아가지 못하고 끊임없이 앞으로 나가는 일만이 존재한다. 그러면서 깨달으며 성숙해 간다고 생각한다.

어리석은 생각은 먼저 나고 현명한 생각은 뒤에 난다. 내가 부모가 되고 나서야 부모의 마음을 이해하게 되고, 나이가 들고 나서야 노인의 심정을 알게 되었다. 내가 직장에서 퇴근한 후에도 늙으신 부모님과 대화하는 시간을 별로 갖지 못했다. 심심한 소일거리로 화투장 하나도 마련해 드리지 못했다. 90리 인생길이 놀랍게도 특급열차였음을 이제야 알았다.

'너 늙어봤냐, 나 젊어 봤다.'라는 노래 가사의 한 구절이 실감이 난다. 젊은이들이 누리고 있는 젊음을 우리는 이미 누렸다. 그런 시절을 모두 겪었다는 사실에 만족해하며 대견스러움을 가져야 한다. 나이가 들수록 그만큼 경륜이 쌓이므로 더 많이 이해하고 배려하고 너그러워져야 한다. 그런데 나는 오히려 아집만 늘어나고 속이 좁아지는 것은 아닌지 모르겠다.

오래전의 어느 날이다. 태종대 산책길에서 조깅하고 뛰어오다가 이웃에 사는 김 사장님을 만났다. 지팡이를 짚고 산책을 나가시는 길이었다.

"양 군, 올해 몇 살이요?"

"예, 딱 칠십입니다."

"참 좋은 때다."

이제야 이 말이 실감이 간다. 지금 칠십 대 친구들을 보면 노인으로 보이지 않는다.

　잘 달리던 팔팔한 시절, 끈기 있게 파고들던 열정은 이미 흘러갔다. 청소년 시절 나는 늙을 것이라고는 생각지 못했다. 그렇게 멀리만 보이던 노년인데 세월은 나를 어느새 노년으로 만들었다.

　친구들이 하나씩 이승을 하직하고 문상하면서도 나는 죽을 것이란 생각이 들지 않는다. 무릎관절이 아프고 걸음걸이가 불편해서야 남의 아픈 심정을 이해하게 되었다. 허리를 바로 펴지 못하고 지팡이에 의지하여 느릿느릿 걸어가는 노인을 보면 남의 일 같지 않다. 그게 바로 나 자신이다.

　이 글을 쓰면서 생각나는 시가 있다. 《실상문학》 2018년 여름호(제84호)에 실린 인산 김만옥 선생님의 시 「두 개의 섬」이다. 작품에서 사람들은 마음속에 두 개의 섬을 지니고 산다고 하셨다. 시어 속에 공감하는 바가 커서 이 글을 쓰면서 다시 보게 된다.

　　　　　　　　두 개의 섬
　　　　　　　　　　　　　　　김만옥

　　사람들은 마음속에
　　두 개의 섬을 지니고 살지요

위안을 심고 가꾸는
'그래도'란 섬과
절망 대신 희망을 생산하는
'아직도'란 섬입니다.

견디지 못할 아픔이 있다면
망설이지 말고
'그래도'란 섬으로 달려가세요.

차마 말 못 할 사연이 있다면
뒤돌아보지 말고
'아직도'란 섬으로 뛰어가세요.

그래도 내게는
바라볼 하늘이 있고
'아직도 내게는
포기 못 한 사랑이 있습니다.

 세월이 빨리 간다는 것을 이제는 확실히 알 것 같다. 계절이 바뀐다는 것은 어쩌면 설렘이고 희망이기도 하다. 그렇지만 나에겐 이 세월이 그리 반갑지 않고 착잡한 감정을 일게 한다. 아마도 내 연배의 친구들도 어쩌면 나와 같은 심정이 아닐는지….

덧없이 흘러가는 세월 속에 몇백 년을 살 것처럼 살아왔는데, 흐르는 강물도 흐르는 시간도 잡을 수 없기에 그냥 가게 내버려둘 수밖에 없지 않은가. 모든 게 너무 빨리 지나간다. 세월아! 가져갈 것은 가져가고 그래도 몇 가지는 조금 남겨 두어라.

이제 남은 세월은 추억 속에 사는 삶이 아닌 희망 속에 사는 삶이기를 바란다.

가을인가 했더니 겨울이 되어버렸고 새 달력을 걸어놓고 올해를 시작한 지 엊그제인데 어느새 해가 넘으려 한다.

비록 눈이 침침하고 기억력이 떨어져도, 청각 신경이 둔해서 말귀를 제대로 알아듣지 못해도, 지팡이에 의지하여 세 발로 걸어도, 아직도 내게는 글을 쓰려는 욕망이 남아있다. 아직도 내게는 나의 도움이 필요한 가족이 있기에 사랑과 희망이 있다. 아직도 내게는 할 일이 많다.

아우를 보내던 날

밤늦은 시각에 전화가 왔다. 정관에 사는 조카다. 무슨 급한 일일 것이라는 예감이 들었다.

"아, 은숙아, 무슨 일이냐? 이 밤에." 몹시 궁금하고 불안한 예감에 전화를 받았다.

"작은아버지가 돌아가셨어요." 가느다란 목소리다.

"언제?"

"조금 전에요. 해운대 백병원 장례식장입니다."

전화를 받는 순간 나는 '작은아버지'를 '아버지'로 착각했다.

지난 토요일에 정관에서 딸의 도움을 받으며 혼자 살아가는 작은동생을 보러 갔다 온 지 며칠이 안 되었다. 동생은 지팡이에 의지해서도 거동이 불편하여 문밖출입도 못 한 지 오래되었다. 게다가 차려주는 음식도 극히 소량만 먹고 약도 챙겨주어야 먹는 것을 보고 왔기 때문이다. 나는 그 동생이 돌아간 것으로 착각했다. 그러던 차에 대교동에 사는 여동생이 전화가 왔다. 기장에 사는 오빠가 돌아갔다는 것이다. 믿을 수가 없었다. 역시 정관에서 조카가 전화했다는 것이다. 대전에서 군 복무 중인 작은아들이 병원으로 가면서 친족들에게 알리라는 전화를 받았다고 했다.

청천벽력 같은 비보에 어안이 벙벙하다. 기장의 동생은 오히려 나보다 건강한 편이고 봉사활동을 많이 하면서 여간 부지런한 성격이 아니다. 그런데 돌아갔다니 믿기지 않는다. 부랴부랴 서둘러 아내와 같이 택시를 불러 병원으로 달려갔다. 제수씨 혼자서 울고 있었다.

뒤따라 누이동생 부부가 오고 진주에서 병원 의사로 있는 아들과 대전의 아들이 연달아 왔다. 아직 분향소도 설치하지 않은 상황에서 장의사 직원이 도착했다. 장의사와 분주하게 장의 절차를 협의하기 시작했다. 밤 11시가 넘었다.

삼일장으로 모레 장례를 치르려고 영락공원에 확인하니 3월 8일(모레)까지 화장장 예약이 되어 있어서 불가능하다고 한다. 다음 날 토요일 첫째 시간 7시로 예약하고 대전 현충원에 온라인으로 안장을 신청하였다. 외부와의 협의가 장의사의 도움으로 끝났다.

병원 측의 안내로 가족들이 시신 안치실에 고인을 확인하러 갔다. 시신을 꺼내어 하얀 포장을 벗기니 세상모르고 평온히 잠든 모습이다. 하얀 포장 가운의 일부가 피로 빨갛게 젖어있고 입에서 피 흘린 흔적이 있는 것을 보는 순간 나는 가슴이 뭉클해졌다. 병원에서 심폐소생 시술을 하는 중에 입에서 피가 흘러나왔다고 했다. 얼굴을 닦아주고 머리를 쓰다듬는 아들의 심정은 어떠했을까.

　분향소가 차려지고, 다음 날부터 손님을 맞는다. 아우의 도움을 받던 어느 문상객이 상주보다 더 슬퍼하며 통곡하는 모습을 볼 때 나도 눈물이 날 것 같았다. 이 세상에 와서 영원히 살 것도 아닌데 언젠가는 가야 하는 것이 인생이 아닌가. 하지만 아우가 나보다 일찍 떠나리라고는 생각지 못했다. 명석한 두뇌에 민첩한 동작, 초급장교 시절에 사단 배구 선수로 활동하던 건강한 체구였다. 갑작스러운 뇌경색으로 혈관 시술을 한 것이 회복된 줄 알았는데 재발하였다고 한다. 의사로 있는 아들의 말을 들으면 혈관 시술 후 회복기에 접어들어 일주일 이내에 죽는 경우가 상당히 빈번하다고 한다. 그리고 보니 나도 여러 해 전에 두 번이나 혈관 시술한 몸이라 지금은 완전히 덤으로 사는 행운아이다. 그러니 낙천적으로 미련 없이 즐거운 삶을 이어가고 있다.

　나는 슬픔을 억제치 못하는 제수씨와 두 아들에게 위로의 말로 달래었다.

"사람이 헤어지는 마당에 슬픔이야 어찌 없겠는가. 하지만 회자정리, 생자필멸이라는 말이 있다. 만나면 언젠가는 헤어져야 하고 오면 가야 하고 나면 죽어야 하는 것이 인생이다. 팔십사 년을 살았으면 적게 산 나이가 아니다. 너무 슬퍼하지 말고 잘 가라고 명복을 빌자. 월남전에서 부상당하고 죽을 고비도 넘고 살아왔다. 국가 유공자로 부끄럼 없는 인생으로 대학에서 강의도 하며 훌륭한 삶을 살았다. 이제 슬픔을 거두어라." 말하는 나도 슬픔을 억누르기 힘들었다.

보훈청에서 유골함과 태극기를 보내어 왔다. 끊임없이 이어지는 문상객, 복도를 꽉 메운 이십여 개의 화환과 조기를 보는 나는 동생의 삶은 보람 있는 삶이었다고 생각되었다. 대통령의 조기, 보훈청장의 조기, 육군참모총장과 육군 교육사령관의 조기, 부산시장의 화환은 오히려 자랑스러웠다. 제복 차림의 대한민국 수훈자 회와 보훈협회의 연로한 회원들이 문상을 왔다. 군대식 구령에 맞춰 거수경례하고 조사를 낭독하고 약력 보고할 때는 군대 내의 행사인 양 엄숙해 보였다. '일동 묵념.' 하는 사회자의 구령에는 문상객뿐만 아니라 현장에 있던 모든 사람이 일제히 묵념하였다.

영락공원에서 화장을 마치고 대전 현충원에 도착하니 12시다. 2시부터 합동영결식이 진행되었다. 모두 15구의 유골을 앞에 모시고 종교의식이 진행되었다. 기독교 목사가 기도와 축도가 있고, 스님이 목탁을 치며 명복을 빌고, 천주교 신부 다음에 원불교 스님으로 이어졌다.

천당으로 인도하고 극락으로 인도하고 네 종파가 내세를 인도하니 저 영현들은 도대체 어디로 가야 할지 헷갈리겠구나. 각기 마음에 드는 곳을 선택해야 하는 고민이 있을 것 같다.

영결식이 끝나고 마련된 안장 장소로 이동하여 안장 행사가 진행되었다. 여러 해 전에 친구가 이곳에 와서 안장할 때는 계급별로 묘역이 정해져 있었는데 지금은 매장 순서로 안장하고 있었다.

이제는 영원히 아우와 이별인가. 다시는 볼 수 없고 목이 터져라 불러도 대답이 없을 터. 무슨 급한 사연이 있어 형보다 먼저 떠나야 했나. 형제의 인연으로 만나 한세상 살다가 누가 먼저라는 순서도 모른 채 유명을 달리하는 것이 인생인가 한다. 비록 우리 형제만의 일이 아니다. 우리는 모두 공수래공수거로 회자정리인데 언젠가는 헤어지게 되었으니 슬퍼하지 말자. 눈물을 거두자. 이것이 인생이니 받아들이자. 내세에는 슬픔도 고통도 없는 평화로운 세계이기를 기원한다.

사랑하는 아우야! 가꾸던 텃밭 걱정도 말고, 이승의 고락을 모두 잊고, 하늘나라에서 평안하라. 네가 떠나가던 2019

년 3월 6일은 영영 잊을 수가 없다. 가슴속에 묻어둔 사연 있다면 꿈에라도 찾아와 들려다오.

내 책장에 간직하고 있는 「북한의 대남전략 전술」이라는 동생이 쓴 논문 책자를 보니 먼저 떠나보내던 아픈 기억이 떠오른다.

내 마음대로

 사람은 의지의 동물이라 한다. 하고자 하는 욕망이 있는가 하면 하기 싫은 거부감도 있다. 살아가면서 내가 하고 싶다고 해서 내 맘대로 할 수 있는 일이 과연 얼마나 될까. 때론 남에 대한 배려와 주위의 반대로 내가 하고 싶은 일도 접어야 하는 경우도 종종 있다. 어떤 경우에는 법률로 금지되거나 윤리 문제나 도덕 문제로 접어야 하는 일도 있다. 내 의지와 상관없이 윗사람의 요구에 따라서 해야 하는 일도 있다. 하지만 대부분의 일은 내 의지에 따라 내 맘대로 하게 된다. 내 자유대로 하는 일이 마음도 즐겁고 성과도 있다. 비록 결과가 만족하지 않은 경우라 하더라도 크게 실망하지 않는다.
 '내 마음대로'라고 주제를 올려놓고 생각해 본다. 내 맘대로 할 수 있는 일과 할 수 없는 일이나 해서는 안 되는 일이 얼마나 될까. 글쎄요. 얼른 감이 잡히지 않는다. 정확한 수치는 모르나 아마도 절반 정도가 아닐까 생각한다. 내가 하고 싶어도 내 맘대로 해서는 안 되는 일이 어쩌면 더 많은지도 모르겠다.

이렇게 생각하다 보니 고교 시절에 배웠던 고시조가 떠오른다. 고려 말과 조선 초에 걸쳐 이름을 떨친 학자 변계량의 시조다.

내해 좋다 하고 남 싫은 일 하지 말며
남이 한다 하고 의 아니면 좇지 마라
우리는 천성을 지키어 삼긴 대로 하리라

정말 그렇다. 내가 좋아한다고 해도 남이 싫어하는 일은 하지 말아야 하며 남이 한다고 해도 옳은 일이 아니면 따라 하지 말라는 교훈이다. 하지만 각박한 사회에 지신의 이익을 위하여 남에게 피해를 주는 일이 빈번히 보도되고 있으니 안타까운 일이다.

어떤 경우에는 욕심을 내어 하고 싶지만, 능력이 모자라 포기하는 일도 있다. 그 능력은 기술적인 문제일 수도 있고, 경제적인 문제나 환경적 영향일 수도 있다. 외국 유학을 가려 해도 어학 실력과 경제적 문제에 봉착하여 뜻을 이루지 못하는 수도 있다.

　최근에는 젊은이들의 실업자 문제가 국가적인 고민의 하나이다. 대학을 졸업한 인재들의 일자리가 부족하다. 취업은 하고 싶으나 경쟁이 치열하다. 채용시험에 합격할 능력이 부족하여 마음대로 취업이 안 된다.

　상황이 이러고 보니 권력이나 재력을 이용한 부당한 취업 사례가 적발되고 법의 처벌이 보도되는 뉴스를 보면 마음이 아프다. 불공정한 경쟁의 결과로 당락이 바뀌는 피해를 보는 이는 얼마나 억울하겠는가!

　내 맘대로 할 수 있거나 할 수 없는 상황은 세대 차이도 있으리라. 사회의 초년생은 취업이 가장 우선일 것이고 중장년은 사업을 영위하는 문제일 것이다. 어떤 업종의 사업을 할 것인가. 장소와 자본, 인적 자원이 고려되어야 하는 고민이 있다.

　가장 자유로운 처지에 있는 부류는 은퇴 후의 노년층이 아닐까 여긴다. 젊은 시절 힘들여 벌어놓은 저축자산이 있는 노인은 경제적인 부담은 그리 크지 않으리라 여겨진다. 이들은 하고 싶은 일을 거의 맘대로 할 여력을 가지고 있다. 맘대로 할 수 없는 일보다 할 수 있는 일이 아마도 많으리라.

　여행을 가고 싶으면 가고, 낚시나 등산을 가고 싶다면 또 그렇게 하고, 친구들과 어울려 취미활동을 마음대로 할 수 있을 것이다. 다만 시간적인 제약과 건강상의 문제가 가장 큰 요소라고 생각된다. 더욱 중요한 것은 체력이나 건강상의 이유로 하지 못하는 상황이 마음을 아프게 한다. 차츰 나이테가 늘어나면서 다소 자신 외에 가족의 건강 문제도 제약되는 사유로 등장한다. 내 경우도 대부분이 아내의 건강 문제로 인하여 하려고 했던 일을 변경해야만 했다.

나는 대부분이 내 맘대로 한다고 생각하고 있다. 내 판단대로 해야 할 일과 하지 말아야 할 일을 구분한다. 하는 수 없이 하고 싶은 일도 포기하고 다른 방도를 선택하는 것도 내 마음대로다. 친구의 모임이나 동호인의 모임이나 여행까지도 여건이 허락지 않으면 내 맘대로 포기한다. 그러고 보면 내 맘대로 하지 못하는 일이 발생하면 하지 않는 일도 내 맘대로이다. 그렇다면 모든 것이 내 맘대로가 아닌가. 하는 일도 내 맘대로, 하지 않는 것도 내 맘대로. 전부가 내 맘대로다. 내가 나의 의지대로 결정하여 행하게 되는 것이다라고 생각하면 마음이 편하다. 내 마음은 내 맘대로 결정한다.

인생의 시계는 단 한 번 멈추지만 언제 멈출지는 아무도 모른다고 누가 말했지요. 할 수 있을 때, 인생의 시계가 멈추기 전에 내 맘대로 살아가련다.

기억력이 감퇴하여 나는 잊어버리는 일이 많이 발생한다. 예전에는 중요한 일을 벽걸이 달력에 메모했다. 여백이 넉넉

한 달력을 선호했다. 요즘은 나의 휴대전화에 날짜에 맞춰 할 일을 입력하여 둔다. 그래서 잊어 버려 날짜를 넘기는 일이 거의 없다. 중복되는 일로 인하여 하나를 버리는 경우는 많아졌다.

  남에게 피해를 주는 일이 아니라면 무엇이든지 내 맘대로 행할 것이다. 조용한 밤에 혼자일 때는 망상의 시간을 활보한다. 철없는 소년이 되기도 하고 철학자가 되고 유명인이 되기도 한다. 내 마음 하나는 내 마음대로 할 수 있으니 말이다. 그래서 인간은 의지의 동물이라 하는지도 모르겠다.

> When I can not do what I want to do,
> what I can think about?

Part 2.
미끼를 조심하라

불행하게도 우리들은 속는 줄도 모르면서 속아 넘어간다. 물고기가 자신을 잡아가려는 미끼인 줄 모르고 받아먹는 것도 이와 다르지 않다. 물고기를 많이 잡은 어부들이나 군중을 유혹해서 많은 이득을 본 상인은 흡족해 할 것이다. 반면에 물고기의 신세나 속아 넘어 구매한 사람의 쓰라림을 어디에 비할 것인가. 밝은 사회를 위하여 남을 배려하고 이웃에 피해가 가지 않는 사회가 되기를 바라는 마음이 아쉽다.

미끼를 조심하라
갈등葛藤
화무십일홍花無十日紅이요
만남
서이초등학교 교사의 죽음
나이가 들면서 생각해보는 인생사
국립 해양박물관
계절의 멋과 인생
눈이 내리면
무더위

미끼를 조심하라

미끼를 조심하라. 미끼는 본시 물고기를 낚는 낚싯밥이다. 그 속에 감추어 놓은 낚시를 모르고 물고기는 미끼를 받아먹는다. 미끼를 먹은 물고기는 낚싯줄에 매달려 끄는 대로 끌려간다. 이제 물고기의 운명은 끌어당기는 어부의 손에 달렸다. 낚시꾼들은 물고기를 더 많이 불러 모으기 위하여 그들이 좋아하는 떡밥을 바다에 뿌린다. 이렇게 물고기들을 유혹하고 나서 본격적으로 물고기들을 낚아 올린다. 많이 낚을수록 만족감을 느끼게 된다. 여러 차례의 경험을 토대로 다양한 방법을 연구하고 있다. 미끼로 사용되는 떡밥의 종류, 미끼, 낚싯줄, 낚싯대 등 여러 분야에서 개발되고 있다.

여기서 낚시꾼은 정치인이고 물고기는 선량한 국민으로 비유해보면 어떤 생각인가?

우리들의 생활 주변에도 많은 유혹이 있음을 본다. 그들 가운데는 선의의 홍보도 있고 생활에 도움이 되는 정보도 있다. 하지만 대부분의 경우는 그 주체의 이익이나 목적을 달성하려는 유혹에 지나지 않는다. 가령 건강식품을 판매하면서 특정 질병을 치료하는 특효가 있는 것처럼 선전한다. 특히 노인들의 공통적인 질병으로 관절염, 고혈압, 건망증, 피로감 등을 설명하면 자신에게 딱 맞는 증세를 말하고 있다고 현혹된다. 그래서 비싼 값을 치르며 구매하는 사례를 주변에서 많이 보아왔다. 여기에도 미끼가 작용한다. 선착순으로 선물을 준다고 선전한다. 간단한 수수께끼나 속담을 문제로 내걸기도 한다. 막상 무상으로 주는 선물이나 경품은 값싼 휴지나 비누, 세제, 등이 고작이다. 말솜씨도 아나운서나 유명 코미디언 못지않게 유창하다. 사기성 판매행위도 존재한다. 가령 선전 기간에만 TV 광고비를 절약하는 차원에서 제한된 수량만을 염가로 제공한다고 속인다.
　번호표를 나누어주면서 무작위로 5명에게만 드린다고 한다. 당첨된 번호를 소지한 행운을 얻은 분에게 입증되지도 않은 기능성 화장품 또는 식품을 갖다준다. 당첨된 번호는 진행자가 미리 구매할 것으로 보이는 사람에게 배포된 번호를 부른 것이다. 속아 넘어간 사람은 당첨 번호의 소지자뿐만 아니라 거기에 모인 군중 대부분일 것이다.

짙은 안개가 걷히고 나면 맑은 햇살이 비치듯이 우리 사회가 차츰 밝아짐을 느낀다. 특산품이라고 속여 팔던 부도덕한 상행위는 차츰 사라지고 있다. 농민의 소득을 올리고 소비자의 부담을 덜어주는 직거래 장터가 생겨나고 있다. 여기에 자원봉사 활동도 한몫하고 있어서 고무적인 현상이다. 홈쇼핑이 늘어나면서 소비자의 불만도 차츰 줄어들고 있다. 아이티(IT) 강국이라는 명성이 무색하지 않게 인터넷 거래도 활기를 발하고 있다. 생산자의 품질향상에 대한 노력과 연구개발이 소비자들로부터 신뢰를 받고 있다.

불행하게도 우리들은 속는 줄도 모르면서 속아 넘어간다. 물고기가 자신을 잡아가려는 미끼인 줄 모르고 받아먹는 것도 이와 다르지 않다. 물고기를 많이 잡은 어부들이나 군중을 유혹해서 많은 이득을 본 상인은 흡족해할 것이다. 반면에 물고기의 신세나 속아 넘어 구매한 사람의 쓰라림을 어디에 비할 것인가. 밝은 사회를 위하여 남을 배려하고 이웃에 피해가 가지 않는 사회가 되기를 바라는 마음이 아쉽다.

이는 우리 사회의 여러 분야에 교훈으로 남는다. 학자, 교육자, 기업인, 정치인에 이르기까지 남을 속이거나 유혹해서 이득을 보려는 행위는 근절되었으면 한다.

과거의 부조리가 이제는 통하지 않는다는 사실을 깨달은 단계에 와 있다. '어리석은 생각은 먼저 나고, 약은 생각은 뒤에 난다.'는 속담이 떠오른다. 우리는 생활 주변에서 일어나는 현상을 새겨보며 옳은 판단을 하는 지혜가 필요하다. '성인군자의 100마디 말 중에도 빼어버릴 말이 있고, 약장사의 거짓말 속에서도 들어둘 말이 있다.'라고 하는 명언도 상기하며 미끼와 유혹을 가릴 수 있는 지혜가 있었으면 좋겠다.

갈등葛藤

우리의 삶의 길은 결코 평탄한 것만이 아니다. 우리가 살아가는 동안 여러 가지 어려움에 직면하게 된다. 또한 좋은 기회가 오기도 한다. 우리에게 닥치는 고난이나 행운은 하나씩 오지만은 않는다. 때론 난관이 겹쳐오거나 행운이 중첩되어 다가오는 경우가 있다. 이것들은 반드시 해결해야 하는 과제다. 이들 중에 어느 것이든 하나만을 선택해야 하는 어려움이 있다.

나는 종종 프랑스의 철학자 사르트르의 이론을 인용한다. 인생은 선택의 연속이라고 보는 것이다. 어느 것을 선택하여야 할지 망설이게 된다. 출근할 적에도 자가용으로 갈지 통근차를 탈지 결정해야 한다. 점심시간에도 중국집으로 갈지 아니면 한식집으로 갈지 선택해야 한다. 퇴근하고 회식이 있다고 했으니 자가용을 두고 대중교통을 이용하여 출근한다. 이런 사소한 선택은 나의 이해관계에 큰 영향이 없으니 쉽게 해결이 된다. 그러나 인생의 앞날을 좌우하는 중요한 선택에 직면하게 되는 경우가 있다. 이 선택의 결과로 인생이 달라지고 자기의 삶이 변하기 때문이다.

인생의 미래는 불확실한 실제이다. 그러기 때문에 선택에 망설임이 있고 여기에 갈등이 생긴다. 내가 군 복무 4년 만에 제대를 앞두고 장기 복무를 할 것인지 제대할 것인지 고민했었다. 당시엔 휴전 직후여서 제대가 시행되고 있었고 따라서 복무기간도 길었다. 같이 입대한 친구들은 대부분 제대를 선택했다. 어쩌다가 장기 복무로 방향이 바뀌었다. 무엇이 옳았는지 지금도 알 길이 없다. 지금은 이것이 나의 운명이려니 하고 편안한 마음으로 지낸다.

어느 길을 선택했어도 가지 않은 길은 아쉽고 미련이 남는다. 결과는 미지수며 동경의 대상이다. 내가 스스로 선택하여 걸어온 길이 후회스러운 것만은 아니라고 스스로 위로하며 살고 있다. 다른 길을 선택하고 갔어야 성공했을 것이라는 보장은 없다. '그때 그렇게 했더라면? 지금 어떻게 되었을까.' 하고 상상할 뿐이다.

'남의 떡이 더 커 보인다.'라는 속담이 있다. '남의 밥이 더 희다.'라든가 '남의 밥에 든 콩이 더 굵어 보인다.'라고 하는 속담도 같은 의미다. 자기 것은 하찮게 여기고 남의 것은 더 좋게 여기는 마음이다. 내가 선택하고 경험하며 걸어온 길보다 남이 선택하여 경험하고 이룩한 보람이 더 값진 것으로 여긴다.

동쪽으로 가면 넓은 바다로 나아갈 수 있고 서쪽으로 가면 높은 산에 오를 수 있다. 산과 바다를 동시에 가질 수는 없는 것이다. 높고 험한 파도를 가르며 대양을 건너 항구의 풍경을 경험한 사람은 아! 내가 산으로 갔더라면 더 좋은 풍광을 즐길 수 있었을 텐데 하고 아쉬움을 토한다. 반대로 험준한 산길을 힘들게 견디며 정상에 오른다. 확 트인 절경에 멀리 보이는 바다를 보고는 저 바다로 나아가 오대양을 항진해 보았으면 하는 마음을 갖게 된다. 그렇다면 어느 쪽이 더 좋은 선택일까? 여기에는 정답이 없다. 그곳이 아니면 볼 수 없고 경험할 수 없는 것들이 있기 마련이다.

내가 장기 복무를 지원했기 때문에 미국에 유학 갈 수 있었고 등한시했던 영어를 다시 공부해야 한다는 충격을 받았다. 이것이 계기가 되어서 2차 3차의 유학과 다양한 외국 문화를 접할 기회를 가질 수 있었다. 어떻게 보면 나의 적성에 맞는 것같이 느껴지는 전자과학 분야에서 일할 수 있었던 것이 큰 보람으로 여겨진다.

사범대학을 졸업했으니 교직을 택할 것인가. 전자 장비를 다룰 유학의 길을 갈 것인가 하는 문제로 큰 갈등을 겪은 적이 있다. 어느 쪽도 놓고 싶지 않았다. 가족들과도 의논해 보았다. 아내는 교편을 잡으라고 권한다. 동생들은 국비로 가는 것이니 미국을 가라는 편이다. 갈등은 더 커졌다. 지난번 유학에서 영어 때문에 고생했던 경험이 있어서 이것을 만회하고 싶어서 유학으로 결정했다. 당시엔 잘 선택했다고 여겼다. 영어에 귀가 트이고 언어가 통하니 새로운 기술을 배우는데 흥미가 있었다. 여기서 습득한 기술이 후일 직장생활에까지 이어지니 보람이라 여겨진다. 만일 내가 교사가 되었다면 더 큰 보람이 있었을지 모른다. 아쉽지만 후회는 하지 않기로 했다.

나이가 들어갈수록 자꾸만 과거를 돌아보는 경향이 많아진다. 어려웠던 생활도 괴로운 기억도 세월 속에 묻어 버리려 한다. 즐거웠던 기억만 간직하고 싶어진다. 일상생활 속에서 일어나는 상황마다 우리는 선택의 연속으로 이어진다. 갈까 말까, 살까 말까, 먹을까 말까, 만날까 말까 등 우리들의 생활에 선택은 항상 이어지고 있다. 때로는 어떠한 선택을 하는 데 다소의 갈등이 존재한다는 사실이다. 갈등은 상호 간의 의견 충돌로 형성된다고 한다. 갈등은 원인을 살피고 슬기롭게 풀어야 하는 과제이다. 풀지 않으면 영원히 갈등으로 존재하기 때문이다.

필자가 어느 기업체의 품질관리 부서를 관리하고 있던 때이다. 품질관리에서 분임조 활동이란 게 있다. 분임조 활동에 관한 교육을 하면서 갈등에 대하여 교육하던 기억이 어렴풋이 떠오른다.

갈등에는 두 가지로 나누어진다. 첫째 타인과는 상관없이 자신이 이럴까 저럴까 혼자 고민하고 선택해야 하는 내적 갈등이다. 두 번째는 외적 갈등으로 다른 사람과의 이해관계나 의견의 격차로 생겨나는 갈등이다.

내적 갈등의 한 예로, 금일 같은 시간에 한 유명 인사의 강연이 있고 다른 곳에서 기술 세미나가 열리고 있는 경우에 어디를 갈까 하는 선택의 갈등이다. 외적 갈등은 개인 간의 이해관계와 자존심이 달려서 매우 복잡하다. 여기는 세 가지의 경우가 존재한다. 나의 욕구가 상대의 욕구보다 큰 경우의 갈등이고 다음은 자신보다 상대의 욕구가 더 큰 경우이다. 세 번째로 자신의 이해관계나 상대방의 것이나 모두 중대한 경우이다. 한쪽이 양보하면 다른 쪽에 손해를 보거나 자존심이 상하게 되므로 매우 풀기 어려운 갈등에 속한다. 이것을 슬기롭게 푸는 현명한 지혜가 필요하다. 이것이 개인의 능력이다.

갈등의 기본의미는 칡과 등나무라는 뜻으로, 칡과 등나무가 서로 복잡하게 얽히는 것과 같이 개인이나 집단 사이에 의지나 처지, 이해관계 따위가 달라 서로 적대시하거나 충돌을 일으킴을 이르는 말이다. 갈등이 없는 사회는 얼마나 아름다울까. 한편 대립과 경쟁, 갈등과 변화의 관계로 인해 사회가 발전하기도 한다. 갈등이 없는 사회는 무미건조한 사회일 수도 있다.

어느 유명한 정원에서 잘 가꾸어진 정원수 기둥에 칡과 등나무가 하나는 좌로 하나는 우로 휘감아 올라간 모습이 아름답게 보이기도 한다. 갈등이 심해져 사회의 혼란이 야기되는 것을 바라지는 않는다. 우리는 역지사지로 상호 이해와 아량으로 상대방의 처지를 이해하며 살아가는 훈훈한 사회이기를 바란다.

화무십일홍花無十日紅이요

　진해 군항제도 4월 10일로 막을 내렸다. 화사하고 만개했던 벚꽃도 그 수명을 다한 것 같다. 그토록 야단법석이던 벚꽃축제도 이제 끝나는 모양이다. TV 뉴스나 신문 매체의 지면을 장식했던 꽃소식도 점차 수그러지는 느낌이다. 화려했던 꽃잎들은 떨어지고 꽃받침만 남아 화무십일홍이란 말을 실감케 한다. 일어나고 사라지는 모든 것들이 한때라 생각하니 아쉬운 점도 많다. 시간의 흐름과 계절의 변화를 어찌 막을 수 있으리오.

　동삼동 혁신지구 근처의 해수천 양쪽으로 산책로를 따라 벚나무가 줄을 이루고 있다. 이 길은 주민들이 자주 이용하는 산책로이다. 아내와 같이 산책하면서 함박눈처럼 흩날리며 떨어지는 설화를 보면서 이전에 느끼지 못했던 묘한 감정이 일어난다. 나이가 들어가면서 마음 한구석에 인생의 허무함을 느낀다. 때가 되면 '이것 또한 지나가리라.'라는 명언도 있다. 뭇사람들의 찬사를 받으면서 화려하게 피었다가 사라지는 꽃을 보면서도 인생을 생각해 본다.

'화무십일홍이요 권불십년이다[花無十日紅 權不十年]'란 고사성어가 떠오른다. 아무리 아름다운 꽃도 10일을 넘기기가 어렵고 때가 되면 시들어 떨어진다. 그렇게도 온갖 특혜를 누리던 권세도 십 년을 넘어 오래도록 지속될 수 없다는 말이다. 인불백일호人不百日好라는 말과 같이 사람의 좋은 날은 100일을 넘기지 못한다고 하였다. 우리가 살아가면서 항상 좋은 일만 지속될 수 없는 것이다. 이것이 우리 생활의 진리며 자연의 법칙이다. 추운 겨울이 있으면 따뜻한 봄날도 있다. 신록이 짙어지는 여름이 있고 단풍이 곱게 물든 가을이 있다.

'노랫가락 차차차' 가사에도 '화무는 십일홍이요, 달도 차면 기우느니라.' 하지 않았던가. 젊은 시절에 이 노래를 들을 적엔 별다른 느낌이 없었다. 그러나 지금은 가슴 깊이 와 닿는다. 인생은 일장춘몽이요, 회자정리라 했다. 만나면 헤어지게 되어 있고 나면 죽게 되어 있다. 꽃도 피면 언젠가는 지고 만다. '탐화봉접인들 지는 꽃을 어이하며 아무리 근원이 중한들 가는 임을 어이하리.' 하는 이원익의 옛 시조가 있다.

꽃을 탐내는 벌 나비도 지는 꽃을 막을 수 없듯이 세월이 흐름을 어찌 막을 수 있으리. 우리의 생활의 모든 것은 한때 지나가는 일장춘몽이다. 지는 꽃을 보고 있노라니 꽃의 짧은 운명이나 우리 인생살이와 별반 다름이 없다는 생각이 든다.

90년이라는 길고 긴 세월이 이렇게 빨리 내 곁을 지나고 있으니 꽃과도 같은 운명임을 자각한다. 언젠가 어느 책에서 읽었던 의미 있는 글귀가 있다. '나 어제 너와 같았으나 내일 너는 나와 같으리라.' 어느 무덤 앞에 세워진 비문에 있는 글이다. 어제의 청춘도 오늘이 가고 내일이면 무덤 속에 누워있게 된다는 참으로 기막힌 표현이 아니던가?

의학의 급속한 발달로 100세 시대를 표방하는 시대에 살고 있다. 화무십일홍이라는 꽃에 비유하면, 인생 10년은 하루에 해당한다고 하겠지요. 90대 노인이라면 10일 중 9일이 지나고 하루만 남은 셈이지요. 그렇다고 실망할 필요는 없다. 마지막 그날까지 건강하고 즐겁게 살아가면 된다.

인생은 누구나 생로병사의 과정을 겪으며 언제 죽어도 한 번 죽는 일이니 무슨 걱정이냐? 인명은 재천이라 했으니 모든 것은 신의 뜻에 맡기자. 살아있는 동안만이라도 건강하게 살다 가기를 간절히 희망한다. 내일 지구의 종말이 온다 해도 오늘 사과나무를 심겠다는 명언을 떠올려본다.

오늘도 마을건강센터에 나가봐야 하겠다. 나이 많은 여러

분들과 함께 지도 선생님 따라서 건강 UP 체조를 하면 몸도 마음도 개운해진다.

'화무십일홍'이라는 표현은 중국 남송시대 시인인 양만리楊萬里가 지은 「섣달 전 월계화(납전월계; 臘前月季)」라는 시에서 유래했다.'라고 소개되어 있다. 이 시는 양만리가 월계화라는 붉은 꽃을 감상하면서 지은 시인데, 대부분 열흘이나 붉은 꽃은 없다지만 월계화만은 그렇지 않다고 말하는 내용으로서, 말 그대로 '열흘이나 붉은 꽃은 없다.'는 말로 쓰인다. 이후 이 표현은 '젊음, 권력, 감정 등은 한때에 불과하다.'는 비유로 그 의미가 확장되었다고 알려져 있다. 한국이나 일본의 정치권에서는 '화무십일홍 권불십년' 열흘이나 붉은 꽃은 없으며 십 년을 넘어가는 권력은 없다는 관용어가 잘 알려져 있다.

화무십일홍과 비슷한 의미의 다른 고사성어가 있다. 제행무상諸行無常, 성자필쇠盛者必衰, 흥망성쇠興亡盛衰 등이 비슷한 의미를 담고 있다. 모두 세상의 무상함을 나타내는 표현들이다.

화무십일홍이 부정적인 의미만 담고 있는 것은 아니다. 어려운 시기에는 '이것도 지나갈 것이다.'라는 위로의 의미로도 해석된다.

화무십일홍의 반대 개념을 가진 고사성어도 있다. 영원불변永遠不變이나 만고불변萬古不變 같은 표현이 반대 개념이지만, 현실적으로 변하지 않는 것이 거의 없다는 것이 화무십일홍의 핵심 메시지이다.

화무십일홍은 단순히 꽃의 덧없음을 말하는 것이 아니라, 인생 전반에 걸친 깊은 철학적 통찰을 담고 있다. 이 고사성어는 현재의 성공에 안주하지 않고 끊임없이 노력하며, 어려운 시기에는 이것 또한 지나갈 것이라는 희망을 품게 해준다. 급변하는 현대 사회에서 화무십일홍의 지혜는 더욱 빛을 발하고 있다.

모든 좋은 일들도 끝이 있다는 'All good thing must come to an end.'라는 영문 속담을 생각해 보면서 글을 마친다. 'No flower can bloom for ten days.'

만남

　만남은 인연인가 운명인가? 사람은 태어나면서부터 만남이 이루어진다. 맨 처음 만남은 부모와 자식이란 인연을 가지고 만난다. 이러한 만남은 자신의 의지와는 상관없이 이루어진다.
　우리가 태어나는 환경도 내 의지와는 별개이다. 우리는 좋은 부모에게서 태어나고 부유한 가정에서 자라고 싶다. 출생과 동시에 부모를 만나는 인연이나 성장배경은 사람마다 다르다. 어떤 부모를 만나고 어떤 환경에서 자라느냐 하는 것은 우리에게 주어진 운명이다. 그러고 보면 만남은 인연인 동시에 운명이기도 하다.
　사람은 성장하면서 자신의 의지를 키워나간다. 최초에 부모를 만나게 된 것은 자신이 선택한 것은 아니지만 소중한 인연임에는 틀림이 없다. 성장함에 따라 환경도 변하면서 수많은 만남이 이루어진다.

출생 이후 자라면서 만남은 어느 정도는 자신의 의지가 작용한 것으로 볼 수 있다. 여기에는 자신이 선택한 만남이 대부분이기 때문이다. 가고 싶은 학교를 내가 선택하고, 친구를 만나는 것도 내가 선택한다. 이성과의 교재나 배우자를 만나는 것도 나의 의지로 작용한 것이다. 상관과 동료들 부하를 만나는 것도 직장을 내 의지로 선택한 결과이다.

내가 선택하거나 나의 의지와 상관없는 만남도 있다. 가령 내가 군대에 입대한 후에는 명령에 따라 부대에 배속된다. 여기서 만나는 상관이나 전우들은 내 의지로 선택하지 않은 만남이다.

나의 의지로 만났든지 타의에 의하여 만났든지 간에 그 사이에 정이 생긴다. 어쩌면 이것이 운명이라 할 수도 있겠다. 만나지 않았으면 좋았을 것이라는 악연도 있다. 하지만 만나서 끈끈한 정이 형성된 소중한 인연이 대부분이다. 우리의 만남이 예견하지 못한 것처럼 이별 또한 예견하지 못한다.

고사성어에 '회자정리, 생자필멸'이라는 말이 있다. 사람은 만나면 헤어지게 되고, 나면 언젠가 죽게 되어 있다. 아무리 소중한 만남이라 할지라도 영원히 지속될 수는 없다는 말이다. 이것은 만고의 진리라 여겨진다. 대자연에도 삼라만상이 그러하다. 봄이 왔는가 하면 지나버리고 꽃이 피었다가도 떨어져 버린다. '탐화봉접인들 지는 꽃을 어이하며 아무리 사랑이 중한들 가는 임을 어이하리.'라 하는 고시조의 구절이 있다. 꽃을 탐하는 벌과 나비라 해도 지는 꽃을 어찌하겠는가. 이것은 사람의 힘으로 막을 수 없는 불변의 진리이다.

그렇다. 흐르는 시간은 막지 못하며, 벌과 나비가 아무리 원해도 지는 꽃은 어쩔 수 없다. 우리들의 생활 속에 선과 악이 있고 행복과 불행이 있다. 만남이 선이 되었든 악이 되었든 이것들은 시간이 흐르면서 언젠가는 지나가 버린다. 아무리 견디기 힘든 고통도 지나간다.

여기 내가 즐겨 쓰는 영문 명언이 있다. 'This, too, shall pass away.' '이것 또한 지나가리라.'라는 뜻이다. 슬픔에 처한 친구에게나 고통을 받는 사람에게 위로하고 용기를 주기 위하여 힘내라는 말로 이용하고 있다. 살아가면서 악을 만나든 불행을 만나든, 모든 것은 물 흐르듯이 다 지나간다. 모든 만남은 생각보다 짧다. 영원히 살 것처럼 욕심부릴 이유는 하나도 없다.

'만남은 소중해야 하고, 인연은 아름다워야 한다.'라는 글귀가 언젠가 내가 읽은 기억이 있다. 친구 사이에도 좋은 우정으로 이어지려면 서로 이해하는 노력이 필요하다. 만남이 인연이고 보면 아름답게 가꾸어야 할 것이다. 살면서 수많은 만남이 우리의 기억 속에서 사라져 버린 것들이 너무도 많다. 복잡하고 분주한 생활 속에서 어쩔 수 없다지만 안타까운 일이다. 지속하여 안부를 주고받지 못한 내 탓이다. 학교에서 만난 훌륭한 스승과 교우들의 이름마저 잊어버리고 살았다. 나에게 도움을 주었던 상사와 선배가 언제 세상을 떴는지조차도 모르고 지났다. 새로운 친구와 만나서 우정을 키우는 일에는 소홀함이 없는지 돌아볼 일이다.

오늘 이 글을 쓰고 있는 도중에 내 휴대전화에서 카톡 신호가 왔다. 다년간 군대에서 같이 근무하던 친구이다. '한주의 피로가 잔뜩 쌓인 고단한 금요일이지만 달콤한 주말이 기다리고 있습니다. 힘내시고 기분 좋은 하루 되세요.'라는 내용이다. '늘 생각하는 사람'이라고 토를 달고 있었다. '달콤한 주말이 기다리고 있습니다.'라는 말 가운데 '달콤한 만남이 기다려진다.'라고 했으면 어떨까 생각해 보았다.

지금은 만남이 없지만 절영수필 동아리 모임이 있었다. 함께 수강한 동아리 친구들과 만남도 소중한 인연이다. 동아리 모임에서 친구들의 좋은 작품을 들을 수 있어서 즐거웠다. 만남도 헤어짐도 인연이고 운명이라면 아름다운 결실이기를 바란다. 내게 좋은 인연이 되어준 사람들에게 감사를 드린다. 인간은 홀로 존재할 수 없다고 한다. 그래서 만나서 함께 살아간다.

서이초등학교 교사의 죽음

 교권이 망가졌다. 서울 서이초등학교의 교사가 교실 내부에 있는 교보재 준비실에서 숨진 채 발견됐다는 뉴스다. 마음이 아프다. 7월 18일 아침 10시경에 교무행정사가 발견했다고 한다.
 고인은 2022년에 부임한 23살의 초임 교사란다. 1학년 담임을 2년째 맡고 있다고 했다. 이 학교의 교실은 교실 내부에 창고(교보재 준비실)가 있는 특이한 구조로 되어 있다고 한다. 고인은 평소 7시 반이면 출근했다고 하는데, 그날은 출근하지 않아, 다른 교사가 수업을 대신했다.
 사망 원인에 대하여 아직 정확한 내용이 밝혀지지 않았지만, 추측도 가지각색이다. 고인은 학교폭력 업무를 담당했으며, 학교폭력 사건이 주요한 원인일 것이라는 설이 유포되고 있다. 하지만 담당업무가 학폭이 아니라 '나이스 권한 관리' 업무라 한다. 어떠한 사건이 발생할 때마다 근거도 없고 불확실한 추측이 난무하고 가짜 뉴스가 흘러나오니 안타깝다.

지난주 고인이 맡았던 학급에서 학생들 사이에 학폭 사건이 한 차례 있었다고 한다. 한 학생이 뒤에 앉아있던 학생의 이마를 연필로 긁은 것. 이에 학부모는 교무실에 찾아와 '교사 자격이 없다.' '애들 관리를 어떻게 하는 거냐.' 등 강하게 항의했다고 한다.

이번 사건의 경우에는 학폭 사건 처리와 관련된 학부모의 갑질, 악성 민원, 항의가 원인이라는 말이 흘러나오고 있다. 가해 학생과 피해 학생 사이의 학폭 사건으로 양쪽 학부모에게 시달리다가 17일 교육청에 불려갔다 온 다음 날 아침 극단적인 선택을 한 것이라고 했다.

특히 교사에게 불만을 가진 학생이나 학부모가 교사를 아동학대로 고소하는 사건이 급증하고 있다. 신고를 당하면 검경 조사만 수일 진행하고 무혐의를 받아도 상처뿐. 무고죄 성립이 안 돼 불이익은 교사 몫이다. 아동학대 신고가 교사를 괴롭히는 수단으로 활용되는 현실인 것 같다. 사소한 일로 학부모로부터 고소 및 신고 되면 일단 교사를 아동학대 가해자로 취급해서 교육청의 조사를 받는다고 한다. 요즘은 교사의 정당한 훈육이나 교육도 아동학대로 몰아가기 쉽다.

편식 학생에게 '이것도 먹어 봐.' 하면 아동학대, 체육 시간에 너무 많이 뛰게 해서 숨이 차다고 호소하면 이것도 아동학대? 학생의 감정에 반하면 아동학대의 오명을 당하기 쉽다.

흔히 우리는 은혜를 잊어서는 안 된다며 도덕을 강조해 왔다. 삼대 은혜로 어버이의 은혜, 스승의 은혜, 나라의 은혜가 있다고 배워왔다. 그 은혜에 감사하는 어버이날이 있고 스승의 날이 있다. 스승의 날엔 제자가 선생님에게 감사의 마음을 담아 선물을 보내는 미풍이 있었다. 그런데 요즘 학생 중엔 선생님을 존경의 대상이 아니라 맘에 안 들면 폭행도 한다. 학생에게 폭행당해도 '아동학대' 신고 때문에 대항하지 못한다고 하니 이럴 수가 있나?

지난달 23일 인천의 모 초등학교에서 특수학급 담당 교사가 학생에게 머리채를 잡힌 채 쓰러져 있는 모습이 뉴스에 나왔다. 서울 양천구 초등학교에서 6학년 담임교사가 교실에서 남학생에게 폭행당해 전치 3주 진단이 나왔고, 인천의 한 초등학교에서 교사가 여학생에게 머리채를 잡히는 등 폭행과 언어폭력을 당해 전치 6주의 진단을 받은 것으로 나타났다.

시대의 흐름이 어쩌면 이렇게도 많이 변할 수가 있는지 도무지 알 수가 없다. 자녀에 대한 교육이 학교 교육 이전에 가정교육이 선행되어야 하리라 생각한다. '학교에 가면 선생님 말씀을 잘 들어야 한다.', '다른 아이와 싸우면 안 된다.', '남의 물건을 탐내지 말아라.' 등의 교육이 가정에서부터 이루어져야 할 것이다.

자녀에 대한 교육에 지나치게 큰 관심을 가지면서 학부모가 담임에게 잘 보이려고 하던 때가 있었다. 일명 촌지라고 하는 돈 봉투가 유행했었고, 엄마가 학교에 찾아와 교사와 교장을 만나는 치맛바람이 불던 때도 있었다.

나는 이러한 일련의 사건 뉴스를 접하면서 미국의 초등학교 사례가 떠올랐다. 지금부터 20여 년 전이다. 강산이 두 번이나 변했으니 지금은 또 다른 현상일지 모르겠다.

당시 나의 아들 내외가 그곳 주립대학 박사과정에 유학 중이었다. 손녀가 미국에 가서 한 초등학교에 입학하였다. 그 학교에서 내가 유치원 반에서 한 학기, 1학년에서 한 학기, 2학년에서 한 학기, 3년 동안 세 학기를 자원봉사 했다. 여기서 느끼고 보고 들은 내용을 중심으로 미국의 교육제도에 대하여 그 일부분을 소개하고자 한다. 우리나라의 현실과 너무도 다른 점이 많으나 실제로 검증된 것은 아님을 밝힌다.

미국은 유치원부터 의무교육이라 한국의 병설 유치원처럼 초등학교에 속해 있고 유치원이라는 개념이 없이 입학하면 유치원 반부터 시작하여 초등학교 과정이 7년이다.

교사의 권한도 대단하다고 여겨졌다. 수업 시간에 다른 학생에게 방해되는 행동을 하면 따로 떨어진 곳에 혼자 앉게 한다. 계속 말썽을 부리면 부모님께 전화한다고 경고한다. 말썽부리는 학생의 부모에게 전화하여 '당신의 자녀가 말썽 부려 교육에 지장을 초래하니 데려가서 교육하여 보내시오.' 한다. 부모가 이에 따르지 않으면 교육청에 보고하고 그 부모는 교육청에 불려가 처벌받게 된다고 했다. 어떤 처벌인지는 모르겠다.

서이초등학교 사건이 미국의 경우라면 가해 학생은 따로 떨어진 자리에 앉게 하고 주의를 받아야 할 것이다. 학부모가 교무실에 찾아와 항의할 것이 아니라 교사가 학부모에게 가정교육을 시키도록 타일러야 할 사안이다.

이번 서이초 사건을 보면서 교사의 고충을 듣고 적절한 조치를 해야 할 교장의 관리 감독 책임도 크다고 본다. 교육계에서는 2000년대 들어 아동복지법이 계속해서 강화되면서 학생의 인권만 지나치게 강조됐고, 상대적으로 교사들의 교권 보호는 미흡했다는 인식이 우세하다. 이번 교사의 자살 사건에 대한 진상이 규명돼서 무너진 교권이 회복되는 계기가 되기를 바란다. 특히 교사의 정당한 생활지도에 대해서는 아동학대로 보아서는 안 된다는 생각이다. 교사가 학생에게 폭행당하는 일을 어떻게 설명해야 하나. 실추된 교권 회복이 조속히 이루어지길 바라는 마음이다.

(2023년 선선한 가을밤에 기막힌 뉴스를 듣고)

나이가 들면서 생각해보는 인생사

매주 화요일 마을건강센터에서 건강 UP 체조를 한다. 집에서 가깝기도 해서 아내와 같이 참여하고 있다. 20명 미만의 노인들이 참여하고 있는데 네댓 명은 전부터 아는 사람이고 그 외는 처음 만나는 사람들이다. 거의 전부가 여자들이다.

머리가 희끗희끗한 남자분이 나에게 묻는다.

"나이가 어떻게 되세요?"

"예, 33년생 그전 나이로 아흔셋입니다. 아내도 나와 동갑입니다."라고 하였더니.

"아! 예~, 건강해 보입니다." 하고 놀라는 표정을 하신다. 듣고 있던 다른 분들도 모두 놀라는 눈으로 우리 부부를 쳐다본다. 지도하는 선생님이나 보조하는 직원들도 특별한 관심을 보인다.

매일매일 사는 일이 바빠서인가 일상에서 나이에 대하여 별 관심 없이 지내고 있었다. 기억력 저하로 사람들의 이름이 얼른 생각나지 않아도 늙어서 당연히 그러려니 하고 지낸다. 하지만 막상 나이에 대하여 생각하니 참으로 많은 것을 느끼게 한다. 책을 읽다가 좋은 글이 있어서 메모하여 두었던 글, 인터넷 카페에서 퍼온 좋은 글 가운데 나이에 관한 자료가 있다. 카페에서 퍼온 글 중에 수긍이 가는 글귀가 있어서 아래에 적어본다.

《나이가 들면서 눈이 침침한 것은. 필요 없는 작은 것은 보지 말고 필요한 큰 것만 보라는 것이며. 귀가 잘 안 들리는 것은, 필요 없는 작은 말은 듣지 말고, 필요한 큰 말만 들으라는 것이지요. 이가 시린 것은, 연한 음식만 먹고 소화불량 없게 하려 함이지요.
걸음걸이가 부자연스러운 것은, 매사에 조심하고 멀리 가지 말라는 것이지요.
머리가 하얗게 되는 것은, 멀리 있어도 나이 든 사람인 것을 알아보게 하기 위한 조물주의 배려랍니다. 정신이 깜박거리는 것은, 살아온 세월을 다 기억하지 말라는 것이고 지나온 세월을 다 기억하면 아마도 뻥 하고 돌아버릴 거래요. 좋은 기억, 아름다운 추억만 기억하라는 것이지요.》

그럴싸하게 맞는 말같이 생각된다.

경험적 평등의 원리라고 소개한 글을 읽은 적이 있다. 청소년 시절에는 학력, 지식의 우열이 있었고, 젊은 시절에는 직장과 직위, 수입에 차별이 있었으나 60대 70대가 되면서는 모든 사실이 과거의 일이고, 건강의 평준화가 된다는 것이다. 좋은 직장에 다녔던 사람이나 그렇지 않은 사람이나 몸의 여기저기 고장이 나고 병들게 되니 건강이 평등한 나이가 되었다는 이론이다. 80대가 되면 재산이 많거나 적거나 다 소용이 없고 90대는 언제 누가 먼저 떠날지 모르는 생사의 평등이라 했다. 과거의 명예보다 재물보다 현재의 건강이 제일이다.

육체적 건강은 물론 정신적 건강을 동시에 유지하려면 1, 10, 100, 1,000, 10,000의 수칙을 준수해야 한다고 조언한 내용도 있다.

1. 항상 일찍 일어나라.
10. 하루에 10번을 크게 웃고, 남을 웃겨라.
100. 글자 100개씩 매일 써라.
1,000. 글자 1,000자를 매일 읽어라.
10,000. 하루에 만 보를 걸어라.

건강에 관한 해법은 먹는 것에 관한 식이요법, 몸을 움직이는 운동요법, 머리를 쓰는 두뇌활동 요법 등등 3자 간의 균형적 조화를 잘 이뤄야 효과가 있다고 하는데….

나는 이들 중 얼마나 시행하고 있는지 짚어본다. 부끄럽다. 일찍 일어나는 것 말고는 하나도 시행되는 게 없다.

TV의 코미디 프로를 보다가도 남들은 웃는데 나는 웃음이 나지 않는다. 하루 10번은 고사하고 한두 번 웃는 일도 없다. 글 쓰는 일이 있으면 컴퓨터의 자판을 이용하고 손으로 쓰는 일이 거의 없다. 글자를 읽는 것은 몇 자인지는 몰라도 많이 읽는 편인데 소리를 내지 않고 읽는다. 만 보는 고사하고 오천 보도 안 되는 것 같다. 나는 게으름뱅이가 되었나 보다.

모든 문제의 근원은 내 자신이다. 내가 행하지 않고는 아무것도 얻어지는 게 없다. 나의 건강, 나의 인생은 내가 만든다. 건강을 잃으면 모든 것을 잃은 것이다.

내가 어제까지 가지고 있었고 오늘도 가지고 있다고, 내일 또한, 가지고 있으리라 장담할 수 없는 것이 우리의 목숨이라는 것이다.

시간의 개념으로 볼 때 어제는 이미 과거가 되었고, 내일은 알 수 없는 세계이며, 오늘만이 내가 행하는 현실이다. 숨 멈출 날이 언제인지 모르지만, 애지중지愛之重之 지니고 있던 모든 것들, 내 육신마저 고스란히 남겨두고, 떠나야 하는 인생임을 알고 있다.

점점 나이가 들면서 나를 돌아보는 시간을 잠자리에 들면서 가져보기도 한다. 모든 결과는 시작이 있고 원인이 있다.

내가 택한 직업, 내가 행한 일, 교우관계, 가족관계, 잘잘못의 결과는 모두 내게 원인이 있다. 세상 모든 일이 원인 없이 일어나지 않는다. 그런데도 이 사회는 결과만을 가지고 평하는 우를 범하고 있다고 생각한다.

특히 정치적인 이해관계에서 더하다. 6.25 남침이 없었으면 이산가족이 없었을 것이다. 4.3사건이 없었다면 억울한 민간인 희생자가 없었다. 3.15 부정선거가 없었다면 4.19도 없었다. 정치가 안정되고 사회 혼란이 없었으면 5.16도 없었다. 불법적인 탄핵이 남발하지 않았으면 업무정지도 없었다. 결과를 탓하기에 앞서 원인을 규명하는 것이 선결문제라고 본다.

뉴스를 볼 때마다 마음에 안 들어 불만이 있어도 내가 해결할 수 있는 문제가 아니기에 어쩔 도리가 없다. 생각하는 것이 많으면 머리가 아프고, 보고 있는 것이 많으면 눈이 아프다. 품고 있는 것이 많으면 가슴이 아프기에 전부 놓아 버리면 마음도 편안하다.

간간이 떠오르는 지난날의 희로애락이 마음을 아프게 하는 사연도 많다. 모두 다 용서하고 잊어버리고 싶다. 생활이 어려운 시기에 내 돈을 빌려 가고 끝내 갚지 않은 친구와 선배도 이 세상을 떠났다.

이제 망백의 나이에 이르러 무엇을 더 바라겠는가. 심혈관 시술을 두 번이나 받은 지도 10년이 넘었다. 청각장애가 심해도 다른 곳이 건강하니 복 받은 인생이다. 나의 청춘만은 영원하리라 믿었는데 자신만만하고 깃발 펄럭이던 청춘은 추억일 뿐이다.

"여기까지 참 잘 살아왔구나! 이만하면 열심히 살았다. 힘들었지? 고생 많았다!" 하고 나 자신에게 칭찬하고 싶다.

Yesterday is history

Tomorrow is mystery

Today is gift

국립 해양박물관

　해양 문화의 허브로 일컬어지는 국립 해양박물관이 이웃에 세워졌다. 이 박물관은 2012년 7월에 개관하였다. 2010년 초부터 시작된 공사가 2년 반이나 걸려서 완공된 역사적인 시설물이다. 탁 트인 바다 전경이 시원하게 펼쳐지는 국내 최초의 종합 해양박물관이다.

　우리 집에서 도보로 15분 정도 되는 거리에 있어서 공사 과장을 늘 지켜보며 궁금해했었다. 이 자리는 어부들이 고기를 잡고 해녀들이 미역 등 해조류를 채취하던 바다였다. 나도 여기서 낚시하던 기억이 어제인 듯 생생하다.

　바다를 매립하고 이러한 거대한 시설이 들어서리라고는 상상도 못 했는데 우리나라의 공사 기술이 놀랍기만 하다. 박물관이 개장된 이후에 계속해서 해양수산 관련 기관들이 입주하면서 혁신도시의 면모를 갖추었다.

국립 해양박물관은 영도구 동삼동의 혁신지구에 자리하고 있어서 이웃 한국해양대학교와 더불어 해양 클러스터를 이루고 있다. 클러스터는 생산하는 기업뿐 아니라 연구개발 기능을 담당하는 연구소와 대학, 각종 지원기능을 담당하는 기관 등이 한곳에 모여있어서 정보와 지식 공유를 통한 시너지 효과를 노릴 수 있다는 장점을 갖고 있다.

이 지역에는 해양대학교와 해사고등학교 외에 수산연수원, 수산물 품질관리원, 국립해양조사원, 한국조선해양 기자재 연구원, 한국해양과학기술원, 한국해양수산개발원 등이 밀집되어 있고 부산항만소방서, 부산해양경비안전서 등이 함께 자리하고 있어서 대규모 해양 클러스터를 이루고 있다.

해양 클러스터가 활성화되면서 '해양수산업의 미래 산업화', '해양 교통안전 선진화', '해양 환경보전' 등 해양수산 관련 국정과제의 원활한 추진을 지원할 수 있을 것으로 기대된다.

해양박물관을 관람하는 데는 입장료가 무료이며 어린이들을 비롯하여 많은 단체관람이 이어지면서 학술적인 효과와 명성을 올리고 있다.

개장 시간은 09시부터 21시까지이며 운영종료 30분 전까지 입장이 가능하다. 월요일은 휴무인데 월요일이 공휴일일 경우에는 그다음 평일에 휴관한다고 하였다. 해양도서관은 공휴일에 휴관하며 반려동물을 동반하는 것은 불가하다.

처음 개관할 때부터 여러 차례 방문하여 이제는 내 집 같은 정감이 드는 곳이다. 나의 형제 자녀들의 가족은 물론 친구들에게까지도 소개하며 관람을 권장한다. 이들과 동행하며 어느새 안내원이 된 기분이다.

처음 개방했을 때는 어디서부터 들어가 어디로 이동하며 관람해야 할지 알 수 없어 질서를 잡기가 어려웠다. 그러나 이제는 이러한 문제들이 많이 개선되었다.

1층에서 4층까지의 시설 관람에 더하여 옥상에 설치된 망원경을 통하여 보는 바다의 경치, 해양대학교와 오륙도 근해를 오가는 화물선이 손에 잡힐 듯 가까이 보인다. 부산항대교를 넘어 감만부두의 컨테이너 크레인 시설도 탐스럽고, 이기대의 아파트도 보인다.

시원한 바다를 보노라면 마음도 티 없이 맑아지는 상쾌한 기분이다. 각 층에서 옥상 전망대까지는 엘리베이터와 에스컬레이터가 설치되어 있어서 관람객이 편리하게 이동할 수가 있다. 각층의 관람 코스도 바닥에 표시되어 있어서 한결 편리해졌다. 여기서 시설 관람 코스를 소개해 보기로 하겠다.

주차장에서 2층을 오가는 엘리베이터가 있고, 계단을 통해서도 올라갈 수가 있다. 먼저 2층의 주 출입구에서 들어가면 우측으로 어린이 박물관이 있다. 어린이를 대동한 관람객들은 여기를 먼저 볼 수도 있고 4층을 보고 난 뒤에 엘리베이터로 내려와 보아도 된다.

  2층부터 4층까지는 상설전시관으로 해양 역사와 과학, 산업과 관련한 다양한 유물을 전시하고 있다. 2층 기획전시실과 어린이 박물관을 지나 3층부터 본격적인 관람이 시작된다.

  2층 입구에 들어서면 바로 3층으로 이동하여 여러 종의 물고기들이 노니는 소형 아쿠아리움(aquarium, 영어 발음은 어쿼리엄)을 통과하며 관람한다. 해양 체험을 보고 난 후 4층으로 이동한다. 여러 가지 역사 자료와 과학 자료가 전시되어 있어서 많은 시간을 요한다.

  여기서 옥상의 전망대로 올라가거나 곧바로 2층으로 내려와서 기획전시실을 관람한 후에 1층으로 내려간다. 여기는 대강당이 있고 해양도서관이 있어서 자유롭게 이용할 수가 있다.

  나는 이 박물관에 올 때마다 이 도서관을 애용하는 편이다. 해양 관련 서적뿐만 아니라 일반 도서들이 많이 있다. 어린이 열람실에도 도서들이 많이 준비되어 있다.

  1층에는 대중식당이 있고 바다 쪽으로 출입하게 되며 고급식당은 2층 바깥 건물에 있다.

  박물관 지역은 시티투어 버스가 들르는 코스이며 시내버스가 있어서 교통이 편리하다.

인근 아미르공원을 이용하여 부산항 축제, 영도다리 축제, 커피 축제 등 각종 행사가 이곳에서 자주 열리고 있다.

우리 집에서 가까운 거리이며 우리 부부가 가끔 아침 산책하는 코스이다. 이른 아침 시원한 바다 공기를 마시며 걷고 간단한 운동기구도 있어서 건강관리에 많은 도움이 되고 있다. 최근에는 인근에 맨발 걷기 시설을 마련하여 많은 사람이 이용하고 있다.

박물관을 보지 못한 분들에게는 한번 들러보시라고 권하고 싶다. 크루즈 관광선이 입항하면 외국 관객들이 사진을 촬영하며 마냥 즐거워하는 표정이다. 수십 대의 관광버스 행렬도 장관이다.

이 박물관은 역사적 유물이나 자료를 단순히 전시한 것이 아닌, 바다와 어우러진 다양한 체험을 할 수 있는 테마파크 역할을 하고 있다. 드넓은 야외마당을 지나 로비로 들어서면 탁 트인 공간 구성이 한눈에 들어온다.

인근에는 신석기시대의 유적지인 동삼동패총이 있어서 비록 빈약하지만 한번 둘러볼 만한 곳이다. 이 패총은 국가가 지정한 사적 제266호이며 기원전 8000년에서 4000년까지의 역사를 간직하고 있으나 찾는 사람이 별로 없어서 푸대접 받고 있다는 여론이다.

계절의 멋과 인생

흐르는 세월 따라 계절은 한시도 멈추지 않고 변하고 있다. 변하고 있으니 더욱 아름답다. 춘하추동 4계절의 변화가 참으로 신기하다. 이 변화가 어쩌면 우리 인생의 생애와도 같은 것이란 생각이 든다.

4계의 시작은 하필이면 봄부터일까. 어쩌면 우리 인생의 생애와도 같은 이치인지 모를 일이다. 꽁꽁 얼어붙었던 대지에서 어린 새싹이 솟아나고, 죽은 줄 알았던 나뭇가지에서 새잎이 돋아난다. 사람이 처음 이 세상에 태어나는 것도 어린 생명이다. 수목이 자라듯이 사람도 점점 성장해 간다.

초목에 꽃이 피고 열매가 열고 가을엔 단풍이 아름답게 물들었는가 하면 어느새 잎이 지고 앙상한 줄기만 남는다. 그리고 죽은 듯 동면에 들어간다. 인생도 이와 유사하다.

아이도 한껏 자라서 왕성한 기량을 펼치고, 사업에 매진하다가 청춘이 가고 황혼기를 맞는가 하면 어느새 이승을 하직하게 된다. 이듬해에 새봄이 오듯 사람 역시 환생한다는 설이 있다.

모든 것은 변한다. 변하지 않고 그대로 있다면 무미건조하다. 웅덩이에 고인 물도 흘러가지 않고 그대로 있으면 썩어서 악취가 난다. 흘려보내고 새로운 물을 받아야 한다. 항상 변하고 새로운 것을 맞이해야 신선미가 있다. 추운 계절이 있기에 따뜻한 봄이 기다려지고 무더운 여름날이 있기에 선선한 계절이 그립다. 슬픔이 가면 그 뒤에 오는 기쁨은 더욱 큰 것이다.

일체유심조라 했다. 모든 것은 우리가 마음먹기에 달렸다. 긍정적인 시각으로 사물을 바라보면 모두가 아름답고 부정적으로 보면 밉지 않은 것이 없다. 선한 마음가짐이 중요한 것이다. 우리가 살아가는 과정에서 아무리 어려움이 닥치더라도 이것도 곧 지나가리라 믿고 평안한 마음으로 견디어 나가야 한다. 슬프게 여기면 더욱 슬프고 괴롭다.

인생무상이라 했던가. 날이 가면서 들려오는 소식은 친구 아무개가 돌아갔다는 뉴스다. 그 많던 친구들이 하나둘씩 줄어들고 이제 내 주위에 남은 친구는 서너 명에 불과하다.

비록 몸이 여기저기 불편해도 이렇게 장수하고 있으니 항상 감사한 마음이다. 아침에 무사히 눈을 뜨고 일어날 수 있음에 감사하고, 스스로 음식을 먹을 수 있으니 감사하고, 늘 가족의 문안을 받게 되니 감사하고, 일거수일투족이 모두 감사함으로 지낸다.

'회자정리'라 했다. 얼마 전에 절친한 친구가 이승을 하직했다. 장례식장에 문상하고 가족들에게 위로의 말을 했다. 너무 슬퍼하지 마시라고…. 나이 90이 넘게 살았으니 잘 살아온 것이라고 말했다.

여기서 회자정리라는 말을 해주었다. 사람은 인연이 있어 만났지만 언젠가는 헤어지게 마련이다. 만나면 헤어지게 되고, 나면 죽게 되고, 오면 가게 되는 것이라고…, 그 시기가 언제인가 하는 게 문제일 뿐이다. 이것이 변함없는 진리라고 말하며 위로했다.

사람이 늙어가면서 정신적 신체적으로 변하게 마련이다. 아무리 큰 고난이 거센 폭풍우처럼 밀려와도 이것 또한 지나가리라.(This, too, shall pass sway. 솔로몬 왕자의 지혜에서 나온 유명한 말이다.)

어제의 청춘이 오늘의 노인이다. 세월을 이기는 장사가 없다고 했다. 흐르는 세월 따라 우리 몸이 허약해지고 어느새 장애인이 된 것이다. 법률이 정하는 장애인이 아니더라도 넓은 의미의 장애인이다.

나는 아태 장애인 올림픽 기간에 통역봉사원으로 일한 적이 있다. 그리고 《갈매기》라는 동인지에 「우리는 장애인이다」라는 글을 올렸다. 생활의 편의를 위해서 우리는 여러 가지 도구를 이용한다. 시력이 변하니 안경을 쓰고, 청력이 약하니 보청기를 하고, 이가 빠지니 틀니를 하고, 거동이 불편하니 지팡이가 필요하다. 무엇이든지 도움을 주는 기구가 필요하다. 넓은 의미의 장애인이다. 장애가 있기에 도구를 쓰는 것이라고 했다.

우리나라의 사회복지 제도가 잘되어 있어서 노인들의 생활이 참으로 편해졌다. 나 또한 그 혜택을 받으며 감사한 나날을 보내고 있다. 선한노인복지센터에서 요양보호사를 보내주셔서 불편을 덜어 주니 고마운 마음이다.

영도구노인복지관이 코로나19로 인하여 한동안 문을 닫아야 했다. 이용하던 노인들이 얼마나 섭섭해했는지 모르겠다. 다행히 리모델링하고 다시 문을 열었으니 반가운 마음 이루 형언할 수 없다. 얼마나 기다리던 현실인가! 전보다 더욱 다양한 서비스로 노인들에게 봉사하고 있으니 그 노고에 감사한 마음이다. 저렴한 가격으로 영양 있는 점심을 제공하고, 오락프로그램으로 즐거움을 보내고, 다양한 교양강좌로 배움의 즐거움도 있다. 치매 예방 프로그램도 진행하고 있으니 여기서 봉사하시는 분들의 노고에 감사함을 느낀다.

세월이 흐르니 춘하추동이 덩달아 변하고 청춘이 노년으로 변했다. 봄은 봄대로의 멋이 있고 노인은 노인만이 갖는 멋이 있다. 지나온 세월은 아쉽기만 하다. 슬픔도 괴로움도 지나갔다. 과거의 고통이 심할수록 추억은 더욱 아름답다고 하지 않던가요?

노인들이여! 이제 과거의 모든 짐을 내려놓고 홀가분한 마음으로 지냅시다. 영도구노인복지관에서 새로운 친구를 사귀며 웃음으로 행복한 나날이 되기를 바라는 마음 간절하다.

(2022년 10월 졸수에)

눈이 내리면

눈이 내려야 겨울 맛이 난다. 온 세계가 하얗게 눈으로 덮이면 만물이 하얀색 앞에 평등이다. 아마도 겨울의 대명사는 '눈'일 것이다.

창문을 열고 함박눈 곱게 내리는 모습을 보는 것은 마음마저 평온함을 느낄 때가 많다. 대지에 조금씩 쌓여가는 눈을 무심히 바라보기만 하던 시절도 있었다. 사진작가가 올려놓은 설경을 보면 그 아름다움을 어떻게 표현할지 모르겠다. 자연의 신비로움에 그냥 감탄할 따름이다. 하지만 겨울은 만인에게 평등하지 않다. 한파에 견디기 어려운 고통을 겪는 사람도 있다. 이들에겐 함박눈도 설경도 그런 낭만적인 생각을 가질 여념이 없다. 오히려 이 겨울이 어서 빨리 물러가기만 바랄 뿐이다.

눈이 많이 내리는 날이면 생각난다. 호남지방에 대설주의보가 내려도 생각난다. 강원도에도 폭설로 인한 피해 소식이 있다. 눈 속에서 지내보지 않은 사람은 모를 것이다. 말을 해도 실감이 나지 않을 것이다. 군대에 복무하면서 눈과 인연을 맺고 살아 보았다. 그런 추위를 어떻게 견디었는지 지금 생각해도 냉기가 돈다. 근 70년 전의 추억이다.

광주 포병학교에서 측지교육을 마친 나는 새로 창설하는 부대로 발령이 났다. 정보과 측지반장이 나의 직책이다. 부대 주둔지로 도착한 곳이 '광산군 평동면 명화리'다. 기간 장교와 하사관들이 먼저 와서 자리를 잡고 있었다. 건물은 없고 한 길만큼 땅을 파서 24인용 천막을 덮은 것이 사무실이며 내무반이며 숙소이다. 3개 중포 대대가 동시에 창설교육을 하는 꽤 넓은 지역으로 기억된다. 영하의 추운 날씨에 교육도 혹독했다.

이 지방은 눈이 내리게 되면 상당히 많이 내린다. 야전에서 판초 우의로 개인 천막을 치고 자다가 아침에 기상나팔 소리에 잠을 깬다. 개인 천막이 완전히 눈 속에 파묻혀 있을 때가 한두 번이 아니다. 사무실 천막도 계단을 파서 만든 입구가 눈으로 막아버렸다. 지금 생각하니 웃음이 난다. 그래도 근 칠십 년 세월이 흘러간 추억이 생생하다.

사람은 단련과 훈련이 필요다. 그래야 어려운 고통을 극복

할 힘과 용기가 난다고 생각한다. 영하의 날씨에 아침 점호 집합 구령이 떨어진다. '전원 팬티 바람에 집합!' 온몸이 덜덜 떨다가 감각마저 죽어버린다. 평동 저수지까지 구보다. 한참 뛰어가니 발바닥이 아프다. 저수지에 도착했다. 가장자리 쪽에는 살얼음이 얼었지만, 안쪽에는 얼지 않았다. '모두 저수지로 들어가!' 구령과 함께 물속으로 들어갔다. 저수지는 그리 깊지 않았다. 가운데 쪽으로 많이 모였다. 상체를 내놓고 있으면 추워서 못 견딘다. 모두가 머리만 내놓고 목까지 물속으로 들어간다. 견딜 만하다. 한참 후 '모두 나와.' 휴대용 마이크에서 나온 명령이다. '각자 목표는 내무반, 뛰어가!' 반가운 명령이긴 하지만 그리 빨리 뛸 수가 없었다. 내무반에 오니 훈훈하다. 반지하로 사람 키만큼 파고 바닥엔 볏짚으로 두툼하게 깔아 놓아서 월동하기엔 안성맞춤이다.

 한겨울의 혹독한 창설 교육을 끝냈다. 포병사격장에서 마지막 사격 시험을 성공적으로 마쳤다. 3개 대대가 각기 진지 투입 명령을 받았다. 4월 초순 봄눈이 녹아내렸다.

 전방으로의 부대이동이다. 우리 대대는 강원도 화천 북방 말고개 방향 '사방거리'이다. 춘천지방 38교를 지나니 아직도 눈이 녹지 않고 골짝마다 하얗다. 밤이다. 적의 관측으로부터 보안을 위해 차량의 전조등도 켜지 못하게 했다. 캄캄한 밤 화천 넘어 사방거리 목적지에 도착했다. 장비들을 내리고 사주경계에 들어갔다. 우리 대대본부 위치는 잔 소나무가 울창한 산비탈이다.

오늘 밤 안으로 막사를 지으라고 위치만 정해주었다. 아무 도구도 물자도 주지 않고 명령만 내린 것이다. 땅은 얼어서 곡괭이도 잘 안 든다. 그래도 기둥을 세울 자리는 파야 했다. 야전 통신용 전화선에 돌멩이를 묶어서 나무에 던져 걸어 잡아당기고 대검으로 밑 부분을 몇 번 치면 소나무가 쉽게 부러진다. 절단기로 철조망을 잘라서 못으로 사용했다. 통나무 집을 짓고 솔가지와 마른 풀로 지붕을 덮고 나니 부옇게 아침이 밝아온다. 궁하면 통한다는 말이 사실이었다. 번갈아 경계 보초를 서면서 하룻밤 사이에 적은 인원으로 집을 완성했으니 모두의 마음이 흡족해 보였다.

이제부터는 주둔지 내의 제설작업과 작전 임무에 들어간다. 긴장한 가운데 모두 바쁘다. 휴전 직후의 상황은 매우 어려웠다. 작전상황실을 만들고 5만분의 1 지도로 상황판이 완성되었다.

아직도 잔설이 있는 4월인데 가끔 눈이 내린다. 나는 각 포대의 측지 요원들을 선발하고 측지 작업에 임해야 했다. 무선 통신병과 측지 요원들이 눈 덮인 산야를 오르내렸다. 반합(항고)에 눈과 쌀을 넣고 야전에서 밥을 지어 먹으며 지도에서 정해놓은 지점을 측지 제원으로 환산하였다. 아군의 포진지, 적의 포진지, 적군의 주둔지, 주요 지형지물을 방향틀과 표간, 권척으로 측지를 했다. 방위각과 거리로부터 좌표계산, 좌표로부터 방위각과 거리계산, 측지 제원을 산출하는 것은 나의 몫이다. 상황실의 사격지휘반도 화력계획 작성에 밤낮이 없었다.

아득히 멀어진 옛날의 고통스러웠던 추억이 대설주의보가 일깨워 준다. 그때 겪었던 고생은 이제 옛이야기로 노병들이 모이면 화젯거리가 되었다. '이것 또한 지나가리라.' 하는 명언이 내가 즐겨 쓰는 말이다. 즐거웠던 일이나 괴로웠던 일이나 지나가게 된다.

하얗게 내려 쌓이는 눈을 아름답게만 보지 말고 그 시간 전방 고지에서 눈과 싸우는 국군 장병을 생각해 보는 여유도 가졌으면 어떨까!

하얀 눈송이가 날리는 날이면 멀어진 추억을 되새겨보는 때가 종종 있다.

무더위

    2025년 7월, 한반도는 사상 최악의 폭염에 시달리고 있다고 뉴스는 전한다. 서울, 경기, 강원 등 대부분 지역의 낮 최고 기온이 39도에 육박하며, 체감온도는 40도를 넘는 날이 이어지고 있다는 소식이다.
    심지어 7월이 끝나기도 전에 폭염일수가 평년 연간 평균을 넘었다. 이처럼 계속되는 찜통더위 속에서 건강을 지키기 위한 대비가 필수이다. 뉴스특보로 전하는 방송 내용이다.
    전국적인 폭염과 열대야가 연일 이어지고 있다. 부산에도 33도를 오르내리는 폭염이 이어지고 있다. 7월에 서울 열대야가 23일로 기상관측 이래 최장이라고 한다. 올해는 극히 짧은 장마에 폭우로 인한 홍수와 산사태로 인명피해와 많은 이재민이 발생하였다. 여러 지방이 재난지역으로 선포되었다. 거기에 더해 이어지는 더위로 국민의 고통이 여간 크지 않다. 산불, 폭우, 산사태 등 자연재해가 없는 해가 없이 해마다 일어나고 있다. 피해를 막을 방법은 없는 것인가? 온열질환자가 급증하면서 사망자도 속출하고 있다는 뉴스다.

8월 2일 일부 도서지방의 폭염주의보를 제외하고 전국적인 폭염경보가 발표되었다. 폭염경보는 최고 체감온도가 35도를 넘는 상태가 이틀 이상 지속되거나 더위로 큰 피해가 예상될 때 발효된다고 한다. 외출을 자제하라고 매일 문자가 날아오고 있다.

바닷물의 온도 상승으로 양식장 물고기가 폐사하고 가축도 고통이 심하다. 숨이 막힐 것 같은 무더운 날씨에 시원한 영상을 보내어 오는 친구도 있다. 날씨가 뜨거우니 선풍기도 더운 바람을 불어낸다. 내가 즐겨 쓰는 말이 있다. '이것 또한 지나가리라.' 이 무더위도 얼마 후엔 지나간다. 아무리 힘들고 어려운 고비라도 시간과 함께 지나가게 마련이다. 극복하지 못할 고통은 없다고 한다.

우리가 견디기 힘든 환경에 처했을 때는 그것을 얼른 벗어나고 싶어 한다. 제발 무슨 변화라도 일어나기를 바란다. 더위가 심하면 '큰비라도 한줄기 퍼부었으면 좋겠다.' 물난리는 생각하지도 않고 하는 말이다. 시국이 어지러울 때면 '전쟁이라도 꽉 터졌으면 좋겠다.' 이 또한 책임 없는 말이다.

사람은 가끔 변덕스러운 말을 아무 생각 없이 하는 때가 있다. 실제로 그러한 현상이 나타나기란 어려우면서도 무책임한 말을 한다. 요즘 무더위가 계속되다 보니 '무더운데 눈이라도 좀 오지.' 하는 얼토당토않은 말까지 등장한다. 우박이라면 몰라도 한여름에 눈이 내리기는 만무하다.

아무튼 이 또한 지나가리라는 말처럼 대지의 뜨거운 열기를 식혀주는 가을바람이 기다려진다. 이제 2주 후면 더위가 가고 가을이 온다는 처서(23일)이다. 기온이 내려가고 선선한 바람도 불어올 것이다. 조급하게 기다리지 않아도 '눈이라도 좀 오지.' 하는 허망한 바람이 아니라도 이 또한 지나가고 가을과 더불어 무더위는 사라질 것이다.

부산은 다른 지방에 비해 비교적 기온이 높지 않다. 서울에 사는 어느 친구는 내게 부산은 복 받은 사람이 사는 곳이라고 했다. 여름휴가로 피서 여행을 떠나거나 해수욕장이나 시원한 계곡을 찾는데 나는 아무 데도 나가기 싫어진다. 에어컨이 있으니 집 안이 극락이다. 무더운 여름이면 70여 년이 지난 고교 시절의 여름방학이 떠오른다.

제주시 오현고등학교 하계 수학강습을 하루 만에 포기했다. 심화학습으로 알았는데 보충수업 수준인 때문이다. 이 무더운 여름 밭에서 땀 흘리며 검질(잡초의 제주 방언)을 매고 계실 부모님을 생각하며 집으로 돌아가려고 마음먹었다. 산

지항 쪽으로 내려가 지하수의 시원한 물을 마시며 이런저런 생각에 골몰하고 있었다. 그때 손수레에 물을 싣고 배달하는 아저씨의 모습을 보고 우연찮게 그 여름에 물장사를 하여 밀린 학비를 낼 수 있었다. 그 어른이 지정된 구역을 맡아 밀짚모자에 온몸을 땀으로 목욕하며 이른 새벽부터 저녁 늦게까지 배달했다. 식당으로 여관으로 가정집으로. 당시에는 수도가 있는 부유한 가정에도 물장수의 시원한 물을 받아먹었다. 사범학교 다니는 아는 여학생을 만나면 부끄러워 밀짚모자로 얼굴을 가렸다. 부유한 가정에서 태어나 어려움 없이 자란 젊은이들이 고생이 어떤 것인지, 배고픔이 어떤 것인지 알 리가 없다. 물장사를 하면서 불평과 꾸중도 들었고 동정하는 격려도 받았다. 고생하며 자란 사람이 어려움도 참아내는 인내심이 강하다.

사람의 감정이란 업신여기고 모욕적인 언행엔 반감이 일어도 참아낼 수 있지만 불쌍히 여기고 동정적인 언행에는 눈물이 흐르게 되는 것 같다. 지금에 와서 생각하니 그 무더운 여름을 어떻게 극복했는지 대견한 생각이 든다. 겨울철이긴 하지만 지금에 와서는 도저히 상상할 수 없는 당시의 기억은 또 있다.

그것도 고교 2학년 겨울방학 때이다. 같은 반에 다니는 한창흔이란 친구의 권유로 모슬포에 있는 그의 형을 만나러 갈이 가게 되었다. 이른 아침 눈이 소복이 쌓인 길을 부지런히 걸었다. 성산읍 고성리에서 모슬포까지는 모르긴 하나 70㎞는 되리라고 생각된다. 강행군 끝에 친구의 형이 사는 집에 도착할 수 있었다. 그분은 신병훈련소의 교관으로 근무 중이었다. 훈련하며 사용해서 버리게 되는 경기관총의 탄띠, M1 소총의 탄띠 등 미리 모아놓은 폐품들을 배낭에 담아 넣었다. 모두가 농촌에서는 귀하게 쓸 수 있는 물건들이다.

하룻밤을 묵고 친구의 형수가 차려주는 아침밥을 먹고 출발하려니 먼 길이 걱정되었다. 남원읍 '태흥리'라는 마을에 들어가서 날이 저물었다. 성문을 닫아 버려 더 나갈 수가 없게 되었다. 당시에는 야간 통행금지가 있었고 일몰 후에는 마을마다 공비의 침공을 막기 위해 쌓은 성의 문을 닫았다. 마침 그 마을에 같은 학교에 다니는 친구가 있어서 물어물어 그 집을 찾아 하룻밤 신세를 지고 이튿날 집에 도착했다. 친구 덕분에 공짜로 얻어온 물건들을 이웃에 팔고 학비에 충당했다. 하루에 70㎞의 행군! 지금 생각하니 내가 정말 그랬었나 싶다.

찜통 같은 무더위를 별로 어려움 없이 지내면서 옛 생각을 지울 수 없다. 어린 시절부터 청소년 시절 여름방학 때는 부모님 따라 조밭에서 검질을 매야 했다. 밀짚모자를 쓰고 염천 아래서 김을 매다 보면 온몸이 땀으로 뒤범벅이 된다. 점심때 나무 그늘에서 가지고 간 보리밥에 오이냉국을 먹는 것이 유일한 휴식이다. 얼음이 없던 때라 냉국이라 해도 미지근한 국물이다. 해 질 무렵에 집으로 오늘 길에 연못가에서 등물을 하면 조금 시원한 느낌이다. 처서가 넘을 때까지 한 달 넘게 땀을 흘리니 등에는 땀띠가 나서 가려움을 견디기 어려웠다. 집에서도 전기가 없던 시절이라 선풍기도 없다.

농업기술이 발달 된 지금은 김매는 일도 없고 조를 재배하는 방식도 달라졌다. 조 대신 산도(밭벼)를 많이 한다. 옛날에는 봄에 보리를 베고 나서 밭을 갈고 평평하게 한 다음 10여 마리의 말을 몰아 밭을 다졌다. 조 씨를 뿌리고 다시 밟아 다졌다. 말테우리라고 불리는 사람에게 청하여 삯을 주고 밭을 발리는데 그 권세가 여간하지 않았다. 그런 여유가 없는 농가에서는 집에서 키우는 한두 마리의 소나 말을 이용했고 남테(나무로 만든 도구)와 사람이 대신했다.

싹이 나서 조금 크면 솎으면서 김매기를 시작하여 세 차례 이어진다. 처서에는 검질이 울며 돌아간다고 아버지께서 하시던 말씀이 올여름 다시 생각난다.

지금의 생활은 더우면 에어컨이나 선풍기를 틀고 겨울에 추우면 보일러를 켜고 지내니 참으로 행복한 생활을 만끽하고 있다.

(2025년 8월 초순)

Part 3.
마음이란 무엇인가

원성 스님의 말씀에 의하면 마음이란 생각들의 다발이다. 우리가 '마음'이라 하는 것은 사실상 끊임없이 일어나는 생각의 모임에 불과하다. 마음은 일어나는 생각들의 흐름일 뿐이다. 마음이란 참 이상하다. 나는 여기 있는데 천 리 밖을 나돌아다닌다. 나는 가만히 있는데 극락도 만들고 지옥도 만든다. 때로는 흐려졌다 맑아졌다 변덕스럽다. 몸은 하나인데 마음은 수없이 많은 형태로 나타난다. 마음 문을 열면 온 세상을 다 받아들이다가도 마음 문을 닫으면 바늘 하나 꽂을 자리도 없다.

마음이란 무엇인가
근자의 소행近者之所行
언어의 생성과 변화에 대한 단상
잊지 못해 화가 난다
손과 손가락
이것 또한 지나가리라
명함 예절
할 수 있을 때 하지 않는다면
'너무'라는 말의 거부감
18세와 81세의 차이점

마음이란 무엇인가
- 일체유심조 -

 마음이란 무엇인가 어떻게 생겼을까? 아무리 생각해도 정답을 찾기가 어렵다. 눈을 감고 궁리하느라고 다소 골치가 아프다.
 국어사전에는 어떻게 설명했는지 찾아보았다. 감정이나 생각, 기억 따위가 깃들이거나 생겨나는 곳이라고 정의하고 있다. 예문에 '오늘은 마음에 있는 생각들을 한번 털어놔 보자.' 그리고 '그런 일은 마음에 담아 두지 말고 빨리 잊어버리는 게 상책이다.'라고 적혀 있다. 그렇다면 생각은 무엇인가. 생각은 마음 안에 존재하는 것인가? 또 다른 예문에는 '내 동생은 놀기만 좋아하고 공부에는 마음이 없다.'라고 무엇을 하고자 하는 뜻이라 설명하고 있다. 의향意向이나 의지意志를 나타내고 있다.

백과사전에 그 뜻을 살펴보았다. 꽤 나 많은 이론이 전개되고 있었다. 요약하면 사람의 내면에서 성품性品·감정感情·의사意思·의지意志를 포함하는 주체라고 한다. 그 내용을 보면 '마음은 지각하고 사유하고 추론하고 판단하며 자신을 통제하는 역할을 한다.'라고 되어 있었다. 간단히 설명하기 어려운 이론이다.

마음은 형체도 없고 어디에 있는지 위치도 없고 빛깔도 냄새도 없다. '마음은 바로 이거다.'라고 말할 수도 없고 '안에 있다, 밖에 있다.'라고도 말할 수 없다.

형체가 없는 무형의 마음을 들여다볼 수 있을까? 형체가 없으니 들여다볼 수도 없고 끄집어내어 보일 수도 없다. 형체가 없으니 겉으로 드러나지 않는다.

그렇지만 우리의 생각이 마음에서부터 나오고 이 생각이 행동으로 나타날 적에 간접적으로 행동을 통하여 그 마음을 엿볼 수가 있다. 즉 다른 형태로 나타나는 현상으로 미루어 그 마음을 엿볼 수는 있다.

만면에 희색을 띠는 얼굴을 보면 그에게 좋은 일이 있다는 것을 간접적으로 나타내고 있다. 어떠한 연유로 마음이 불안하여 걱정거리가 있으면 마음이 뒤숭숭하여 잠이 오지 않는다. 마음이 안정되지 않고 심란하면 일이 손에 잡히지 않는다. 때로는 자신의 감정을 억제하지 못하고 속이 상하면 상대방에게 본의 아닌 언행을 하고 후회하기도 한다. 뭔가에 놀라는 것을 생각하든가 남에게 들키면 안 되는 일을 생각하면 얼굴이 붉어지고 가슴이 두근거린다. 좋은 걸 생각해도 마음이 설레며 심장이 남몰래 쿵쿵 뛰게 된다.

　마음은 팔 수도 살 수도 없지만 줄 수 있는 무형의 선물이다. 희로애락을 비롯하여 내심으로 일어나는 그리움이나 외로움, 사무침 등의 감정 체계가 마음[心]에서 비롯된다.

　마음은 시간도 초월하고 공간도 초월하고 모든 것을 초월한다. 우주가 광대무변하다 할지라도, 마음만큼은 못하다. 마음은 수천수만 리 밖, 어디든 걸림이 없다. 사방이 탁 터져 있기에 뚫어야 할 은산철벽銀山鐵壁이 없다. 그런데 사람들은 왜 단단한 벽이 있다고 하는가? 스스로 벽을 쌓아 올린 탓이다. 마음으로 그렇게 만든 탓이다. 마음속에 마음이 있다. 그러니 마음 안에서 근본 마음을 찾을 일이다.

　옛 철학자의 이론에도 성선설과 성악설을 주장하는 두 가지 이론과 성무선악설性無善惡說이 있다. 인간의 본성은 선한 것일까 악한 것일까 아니면 성무선악일까? 즉 사람의 본성은 본래 선한 것인데 탐욕으로 인하여 악하게 되기도 한다는 성선설, 인간은 원래 악한 것인데 교육을 통하여 규칙과 예를 잘 지켜야 바르게 살 수 있다고 하는 성악설, 인간은 태어날 때 선하거나 악하지 않지만 자란 환경에 따라서 악해지기도 하고 선해지기도 한다는 성무선악설이다. 사람이 태어나서 성장하는 과정에서 교육과 환경의 영향으로 현실 생활 속에서 느끼고 생각하며 살아가는 동안 사상과 행동이 달라지는 것이라고 필자는 생각한다.

선한 마음에서 나오는 선한 행동이나 악한 마음에서 생긴 악한 행동이나 영구불변한 것은 아니다. 시간이 흐르면서 환경의 변화에 따라 심적 변화를 일으켜서 개과천선改過遷善하는 경우가 많은 것이다.

형체가 없는 우리의 마음을, 우리의 생각을, 밖으로 표출하는 것은 말과 행동과 글이다. 내 마음에서 나온 생각이 말이 되고 행동이 될 적에 이것으로 인하여 타인에게 또는 사회 전반에 미치는 영향이 크게 작용할 수도 있다. 이러한 것들이 글로 표현될 적에 그 효과는 더욱 클 것이다. 단순히 나의 이야기나 생각을 무분별하게 표현해서는 안 된다.

수필이나 드라마 작가나 자기의 작품을 통하여 독자나 시청자에게 유익한 교훈이 되고 교육적이라야 한다. 이 사회를 좀 더 밝고 아름다운 사회로 발전할 수 있게 해야 할 것이다.

무형인 내 마음과 내 생각은 물리적으로 들여다볼 수는 없다 하더라도 말이나 글을 통하여 표현하고 이것을 접하는 사람들이 다소 도움이 될 수 있다면 더 바랄 것이 없으리라.

우리의 모든 언행이 마음에 따라 움직인다. 마음을 옳은 방향에 두면 옳은 곳으로 몸이 가고 마음을 나쁜 곳에 두면 나쁜 곳으로 몸이 간다. 몸은 마음의 그림자다.

눈에 보이지 않지만, 마음은 누구에게나 있다. 남의 의중을 살피는 것은 타인의 마음을 읽는 것이다. 이심전심이라 하기도 하지만 다른 이한테 진짜 속마음은 보여 주지 않는다. 마음으로 고대광실 높은 빌딩을 지었다 허물었다 한다.

원성 스님의 말씀에 의하면 마음이란 생각들의 다발이다. 우리가 '마음'이라 하는 것은 사실상 끊임없이 일어나는 생각의 모임에 불과하다. 마음은 일어나는 생각들의 흐름일 뿐이다. 마음이란 참 이상하다. 나는 여기 있는데 천 리 밖을 나돌아다닌다. 나는 가만히 있는데 극락도 만들고 지옥도 만든다. 때로는 흐려졌다 맑아졌다 변덕스럽다. 몸은 하나인데 마음은 수없이 많은 형태로 나타난다. 마음 문을 열면 온 세상을 다 받아들이다가도 마음 문을 닫으면 바늘 하나 꽂을 자리도 없다.

세상 돌아가는 모습을 보면서 마음은 움직인다. 불의를 보면 적개심이 생기고 어려움 속에 처한 생활을 보면 동정심이 생긴다. 이것이 마음이다. 우리가 긍정적으로 사물을 보면 모두가 옳아 보이고 부정적으로 보면 모두가 그르게 보이는 것이다. 털려고 들면 먼지 없는 이 없고, 덮으려고 들면 못 덮을 허물이 없다고 하였다.

사람은 의지의 동물이라 한다. 하고자 하는 욕망이 있는가 하면 하기 싫은 거부감도 가지고 있다. 내가 하고 싶다고 내 맘대로 할 수 있는 일이 얼마나 될까. 때론 타인에 대한 배려와 주위의 반대로 하고 싶은 일도 접어야 하는 경우도 종종 있다. 하지만 대부분의 일은 내 마음, 내 의지대로 하게 된다. 그렇지만 마음은 지각하고 판단하며 자신을 통제하는 역할을 한다고 본다.

마음이 어디에 있는지 또는 어떻게 생겼는지는 몰라도 마음이란 단어가 들어있는 교훈적인 말들이 참으로 많다. 마음이 괴롭다, 마음이 즐겁다, 내 마음과 네 마음이 다르다. 마음은 그런 게 아니었는데 속이 상해 그에게 심한 말을 해 버렸다. 마음 같아서는 나도 따라가고 싶었지만 잘 다녀오라고 작별 인사밖에 할 수 없었다.

마음은 작아지기도 하고 커지기도 해서 옹졸한 마음이 있는가 하면 너그러운 마음도 있다. 어떤 때는 우주만큼 넓어지기도 한다. 누군가를 이해하려고 마음먹으면 전부 이해할 수 있다. 반면에 오해하고 미워하려고 마음먹으면 하나부터 열까지 마음에 안 드는 게 사람 마음이다.

마음이란 결국 주고받는 것. 마음을 곱게 써야 사람들과 좋은 관계를 유지할 수 있다. 중요한 것은 마음을 잘 다스려 스트레스 덜 받고 사는 것이다.

밖으로 표출하는 언행으로 인하여 사람들의 마음에 위안이 되고 다소나마 힐링에 도움이 될 수 있다면 더 바랄 것이 없으리라.

① mind ② heart ③ feeling ④ spirit

근자의 소행 近者之所行

'알다가도 모를 일이다.'라는 말이 있다. 상식 밖이어서 선뜻 이해가 가지 않는 일을 두고 하는 말이다. '믿는 도끼에 발등 찍힌다.'라는 속담도 있다, 믿고 있던 사람이 배신하여 해를 입게 되는 경우를 비유적으로 이르는 말이다. 일상생활에서 우리는 사람을 얼마나 믿어야 할까. 방심과 배신이 주는 아픔을 경험한 바가 있다.

지금으로부터 육십 년 전이다. 호크 유도탄 부대의 탐지레이더 분야의 정비 반장으로 근무할 때이다. 정비실에 두었던 전자계측기가 없어졌다. 같은 분야에 일하는 후배들 아무도 모른다는 것이다. 장비 정비에 당장 필요한 도구이기도 하지만 부대의 재산이다.

후배 두 사람을 대동하고 국제시장 전자 거리를 뒤졌다.

돈 가지고 국제시장에 가면 완전군장을 하고 나올 수 있다는 국제시장이다. URM105 동일한 기종을 찾았지만 같은 모델의 계측기를 구할 방법이 없었다. 계측기 전문 점포에 구해 달라고 주문하고 돌아오는 길에 한 동료 후배가 영도다리 밑에서 점을 치자고 한다. 점을 본다는 것은 미신으로 여기고 신용하지 않던 나도 반대하지 않았다. 어떻게 해야 할지 난감한 상황이고 보니 '물에 빠지면 지푸라기라도 잡는다.'라는 속담이 생각난다. 위급한 때를 당하면 무엇이나 닥치는 대로 잡고 늘어지게 됨을 이르는 말이다.

당시 영도다리 근처에는 무속인 점집이 많았다. 다리 밑 어느 점집에서 점을 보았다. 여자 무속인은 분실된 날짜와 이것저것을 묻고 한참 혼잣말로 중얼대더니 점괘가 나왔다고 한다. 몇 월 며칠에 찾을 수 있을 것이라는 막연한 점괘를 받았다. 범인에 관한 인상이나 어떤 정보도 없다.

같이 있던 후배 하나가 고양이를 하나 사서 가잔다. 이 무슨 엉뚱한 소리인가. 고양이를 잡아 어떤 방수方手를 하면 범인이 눈이 멀어지고 사지가 병신이 된다고 말한다. 우스갯소리로 알고 부대로 돌아왔다. 그 친구가 정비실에서 사람들에게 말을 한다. 우리는 고양이를 사서 방수를 하려고 한다. 그러면 범인이 이러이러한 병신이 된다고 말했다.

그로부터 며칠이 지났다. 위병소에서 전화가 왔다. 발신

자가 적히지 않은 소포가 나에게 보내왔다. 뜯어보니 바로 잃어버린 그 계측기다. 가만히 날짜를 보니 점괘에 나온 바로 그날이다. 이것을 어떻게 설명해야 할까요? 그뿐만이 아니다. 퇴근하니 집에 손님이 찾아왔다. 국제시장의 가게 주인이 그 모델의 계측기를 가지고 왔다. 찾았다고 양해를 구하고 택시비라도 드리려고 했으나 사양하고 그대로 돌아갔다. 참으로 믿기 어려운 일이 같은 날 일어났으니 정말 영감이 있는 점괘인가? 무속인의 점괘에 깜짝 놀랐다.

불과 한 세대 전만 해도 한국인들은 정초가 되면 가족들이 옹기종기 둘러앉아 낡은 『토정비결』 책을 펼쳐 들고 저마다의 괘를 뽑아보면서 한 해의 길흉을 점쳤다.

과학이 증명하지 못한 기적이 뉴스에 나오기도 한다. 원인과 결과만으로 설명하기 어려운 사건들이 존재하고 있다. 우리의 소망이 이루어지기에는 미지의 신이나 영적인 작용이 있다고 믿는다. 기독교나 불교의 신자들은 신앙심으로 소원성취를 기도한다. 어떤 사람들은 점쟁이를 찾아가 점을 치기도 한다.

나에게 다가올 미래의 상황은 어떤 결과를 낳을 것인가 초조한 마음을 가질 때가 있다. 반드시 좋은 결과가 온다는 확신이 없으면서도 좋은 결과가 있기를 기대하는 것이 사람의 심리이다. 성成 불성不成은 내 힘만으로 되지 않는다고 믿는다. 그러나 나는 안다. 무슨 일이든지 결과는 원인이 있다는 것을. 어떤 분야에 성공했다면 그만큼 노력을 했을 것이다. 반대로 실패했다면 그 원인이 분명히 있을 것이다. 사람들은 성공과 실패도 운명으로 돌리는 경향이 있다. 때론 팔자소관이란 말을 듣는다.

심지어 지자체의 공식 행사에도 소원이 이루어지기를 비는 행사가 이어온다. 전통적으로 내려오는 민속행사인 줄은 알지만, 효과는 미지수다. 예컨대 1월 1일 해맞이 행사에서 국가의 안녕을 기원한다. 정월 대보름 달집태우기 행사로 모든 액운을 태운다. 팔월 한가위 보름달을 보며 개인의 소망을 빈다. 그 외에 어민들의 풍어제, 농민들의 풍년을 비는 농악 행사, 이런 행사로 심리적 안정을 바란다. 그러나 나는 안다. 이것으로 인하여 풍어가 되고, 풍년이 되고, 모든 액운이 사라지는 것이 아니다. 다만 전해 내려오는 세시풍속에 불과하다.

지성이면 감천이란 말이 있다. 정성을 다하면 하늘이 감동하여 이루어진다는 말이다. 고사성어에 진인사대천명盡人事待天命이란 말도 있다. 사람이 스스로 노력을 다하고 나서 하늘의 명을 기다리라는 뜻이다. 노력하지 않고 성공의 열매를 바랄 수는 없는 것이다. 자신의 소망이 실패했다면 그 원인을 자신의 행위에서 찾아야 한다. 운명도 아니고 팔자도 아님을 알아야 할 것이다.

   정성을 들여서 나쁜 것은 없다. 미신인 줄 알면서도 행하는 일을 주변에서 많이 보아왔다. 고시에 합격하게 해 달라고, 수능시험에서 좋은 성적을 얻게 해 달고, 선거에서 당선되게 해 달라고, 별별 일을 다 한다.

   수험생에게 찰떡을 준다. 시험장 정문에 엿을 갖다 붙인다. 무속인을 찾아가 선거에서 당선될 것인지 점을 친다. 지식인이 할 행위가 아닌 줄 안다. 이래서 주변에 아직도 점쟁이가 있고, 사주팔자를 보면서, 토정비결을 보면서 운명을 풀이해주는 무속인 예언자가 있다.

   '소 뒷걸음질 치다 쥐 잡는다.'라는 속담이 있다. 소가 뒷걸음질 치다가 우연히 쥐를 잡게 되었다는 뜻으로, 우연히 공을 세운 경우를 비유적으로 이르는 말이다. 수많은 사연 중에 어쩌다가 자신의 처지와 맞아지는 경우가 있게 마련이다. 우연히 그 계측기를 찾는 날이 무속인의 말한 날짜와 일치한 것은 의문이 풀리지 않는다.

   정비실에서 고양이 잡아 방수한다는 말을 들은 누군가가 심한 고민을 했을 것이다. 그 범인이 누구인지는 모르지만 근자의 소행이 분명하다.

(2018년 3월 16일)

언어의 생성과 변화에 대한 단상

우리 인간이 언제부터 말을 하게 되었을까? 많은 언어학자가 이에 관한 연구를 하여 왔으나 일치된 정설이 없다고 한다.

말이란 사람의 생각이나 느낌을 음성으로 나타내는 소리라고 정의한다. 동물 중에는 울음소리로 뜻을 전달하는 것도 있지만, 언제나 그 현장에 국한되어 있다. 사람의 말은 완전히 기호화記號化 되어 있어 현장을 떠난 곳에서도 이루어진다. 이런 의미에서 말을 하는 동물은 인류뿐이다.

인류가 태초에 의사소통으로 쓰던 말이 어느새 없어지고 새로운 언어가 생성되고 있다.

사람은 한뉘를 사는 동안에 헤아릴 수 없이 많은 말을 하는데 그중에는 한 번도 들어 본 일이 없는 새로운 표현도 아주 많다. 또한 같은 말도 시대의 흐름에 따라 그 의미가 달라지기도 한다.

도대체 이 지구상에 사는 사람들이 하는 말은 몇 가지나 될까. 언어학자들의 연구에 의하면 오늘날, 전 세계적으로 7,000개 이상의 언어가 사용되고 있다고 한다. 이 많은 말 중에 그 말을 하는 사람의 수로 보면 큰 차이가 있다. 몇억 명이 쓰는 중국어나 영어, 스페인어와 같은 큰 말이 있는가 하면 소수 민족의 작은 나라의 말은 기껏 몇만, 몇천, 심지어는 몇백으로 셀 수 있는 작은 말들도 있다고 한다.

이 많은 말들은 어떻게 만들어졌을까. 말의 기원起源에 대한 학설도 여러 가지다. 아득한 옛날 신神이 만들었다, 신이 사람을 시켜 만들었다, 또는 사람이 만들었다고 하는 여러 이야기가 전해진다.

19세기 초에 유럽 학자들은 어족(語族 family of languages)이란 개념을 얻게 되었다. 이것은 옛날의 한 가지 말에서 변한 여러 말들을, 한 조상의 자손들과 같이 생각한 데서 연유한 것이다.

언어의 체계는 특정 언어에 사용되는 소리, 단어, 그리고 문법 체계에 따라서 인도유럽어족, 아프리카 아시아어족, 오스트로네시아어족, 중국 티베트어족, 우랄 알타이 어족(the Ural-Altaic languages) 등 여러 언어 체계(계통)가 있다.

유라시아 대륙에 널리 퍼져 있는 우랄·알타이 어족은 20세기에 들어 서쪽은 핀란드어 헝가리어, 동쪽은 터키어 몽골어 퉁구스어로 분리하고, 서쪽은 우랄 어족으로 동쪽은 알타이 어족으로 나뉘게 되었다는 견해가 있다. 한국어는 알타이 어족에 속한다.
　이와 같은 학설 외에 현존하는 대표적인 언어체계로는 영어(영국에서 기원한 서게르만어), 스페인어(스페인에서 기원한 로망스어), 아랍어(아라비아반도에서 기원한 셈어)를 들고 있다.
　사람은 누구나 이 세상에 태어나면 울기부터 한다. 그러다가 말을 하기 시작한다. 어린애가 말을 배우는 것은, 요컨대, 어른들의 말을 듣고 그것을 모방하게 되고 되풀이함으로써 말을 익히게 된다는 것이다.
　말은 긴 시간과 함께 변한다. 과거에도 끊임없이 변해 왔고 지금도 변하고 있다. 쓰던 말이 사라지는가 하면 새로운 말이 만들어지기도 한다. 이 변화는 말 전체에서와 단어에서 그 말을 하는 사람들이 느끼지 못할 만큼 느리게 조금씩 일어난다. 한 500년 동안의 기록을 가진 말들을 놓고 보면 이런 변화를 쉽게 확인할 수 있다. 한글이 처음 창제되었을 때의 글과 그 후에 적은 글들을 비교해 보면 국어도 그동안 많이 변했음을 알게 된다. 한낱 가상假想이지만, 고구려시대 사람이 다시 살아나서 현대의 우리와 만난다면 서로 대화가 잘

안될 것이다.

우리나라의 좁은 땅에도 지방마다 쓰는 사투리 또는 방언이 있고, 여기에 더하여 외래어와 신조어 약어 축약어까지 범람하는 추세라서 혼란스럽다. 예를 들면, 독특한 방언이 지역마다 발달되어 있어서 몇 마디 말과 억양만 듣고도 어느 고장 출신인지를 알아맞히기 어렵지 않을 정도다. 특히 제주도의 방언은 육지 사람들이 무슨 말인지 알아듣지 못할 만큼 매우 특이하다. 아마도 조선조 때 귀양지의 하나였던 제주도가 당시 쓰던 말의 영향이 아닌가 한다.

MZ 세대가 즐겨 쓰는 말을 침묵 세대(silent generation)* 노인들은 알아듣기가 어렵다. 영어를 좀 안다는 필자도 알아듣기 힘든 말을 방송이나 언론 매체에 사용하고 있다.

우리말로 뜻을 명확하게 설명하기 어려운 게 아니라면 순수한 우리말을 사용해 주었으면 하는 바람이다. 예를 들어 '클러스터'를 산업집적지로, '필리버스터' 대신 의사방해 연설로, '플래시 몹'을 반짝 군중으로, '커플링/디커플링'은 동조화/탈동조화로, '네일아트'는 손톱 관리, '버스킹'은 거리 공연으로, 그 외에도 수없이 많은 예가 있다.

언젠가 부산 광복동 입구에 '시민을 위한 퍼포먼스'라는 제목에 일시와 장소를 명시한 공공기관의 광고 현수막을 본 적이 있다. 시민을 위한 공연이라 했으면 누구나 쉽게 이해할 수 있을 것이다. 도심 번화가의 간판을 보면 글자는 한글인데 그 뜻은 영어로 된 것이 많이 보인다. 그뿐만 아니라 로하스LOHAS, 머그샷Mugshot, 님비NIMBY, 님토NIMTO, 핌토PIMTO 등 영어의 용어를 무분별하게 사용하고 있다.

인터넷 신조어와 축약어, 문자 메시지에도 대중이 쉽게 이해할 수 없는 내용이 많음을 느낀다. 몇 가지 예를 들어보겠다. 돌싱스타-돌아온 싱글 스타, 글구-그리고, 공홈-공식 홈페이지, 주장미-주요 장면 미리보기, 자삭-자진 삭제, 별다방-스타벅스, ㅇㅇ-응(긍정의 뜻), 주담대-주택 담보 대출, CU2NITE-See you tonight, TTYL-Talk to you later, 와레스-'where is it?'.

국어사전에서 단어를 찾다 보면 순수한 고유어나 한자어 이외에도, 외국어에서 들어온 외래어들이 생각보다 많다는 것을 느끼게 된다. 실제로 국립 국어연구원에서 펴낸 『표준국어대사전』에는 순수한 외래어만 25,000개 정도가 실려 있고, '고속버스'처럼 일부가 외래어인 것까지 합하면 모두 40,000개에 가까운 외래어가 실려 있다고 한다. 이들 외래어는 영어에서 온 것이 압도적으로 많고, 독일어, 프랑스어, 이탈리아어, 그리스어, 일본어, 라틴어, 러시아어, 네덜란드어, 에스파냐어, 산스크리트어, 아랍어, 중국어, 포르투갈어, 히브리어 순으로 30개의 언어에서 온 말이라 한다.

우리말에 외래어가 이용되듯이 외국에서 우리말이 사용되는 것은 얼마나 될까? 한글이 발음과 구조상으로 세계에서 가장 우수하다고 한다. 한글을 전 세계에 수출하자는 주장도 있다.

한글 수출의 성공 가능성은 이미 입증되었다. 찌아찌아족 사례가 바로 그것이다. 인도네시아 바우바우시에 거주하는 찌아찌아족에게는 그들 고유 언어인 찌아찌아어가 있으나 그 말을 표기할 수 있는 문자가 없다. 근래 로마자를 사용하여 표기를 시도했으나 불완전하고 지원받지 못해 우리 정부의 지원으로 2009년부터 그들 발음을 정확하게 담을 수 있는 한글을 공식 표기 문자로 채택했다. 2009년 7월에는 한국어 교사 2명이 현지에서 한글 수업을 시작하였으며 8월에는 찌아찌아어 표기에도 한글이 적용되는 등 10여 년째 한글을 공식 표기법으로 채택해 사용하고 있다. 2020년부터는 한글을 표기 문자로 한 찌아찌아족 언어 사전을 제작하고 있다는 뉴스가 있다.

외국어뿐 아니라 우리말에도 한 가지 단어에 각기 다른 뜻이 있다. 예를 들면 '배'는 과일 이름, 신체의 복부, 선박, 술 음료수의 잔 수를 뜻하며, '말'은 언어, 동물 이름, 장기나 윷놀이에 쓰는 말, 곡식이나 액체의 분량을 재는 단위 등이 있다.

우리가 오랫동안 써 오던 말이 모르는 사이에 그 의미가 퇴색되거나 달라지기도 한다. 필자가 대학생 때도 어학전공이었다. 그러면서 언어의 기원과 말의 수명에 관심을 가지게 되었다. 필자는 특히 '너무'라는 말이 뜻하는 의미의 변화에 거부감을 느낀다. 필자가 쓴 다른 제목 「'너무'라는 말의 거부감」에서 언급하였다. 참고하시기 바란다.

　용어를 변경해서 좋은 점도 있으나 변경함으로 인하여 혼란스럽고 경제적 손실이 오기도 한다. 한편 역사적 사실이 묻히기도 한다.

　정부조직법이 개정되면서 부서의 명칭이 변경되었다. 외무부, 내무부, 교육부, 상공부, 재무부 등의 명칭을 그대로 쓰면 무엇이 문제였는지 필자는 의문이 간다. 도시의 이름도 행정관서의 명칭도 마찬가지다. 부산시도 부산직할시가 되었다가 부산광역시로 바뀌었다. 부산시 그대로 쓰면 무엇이 문제였는지? 동사무소를 굳이 주민센터로, 다시 주민행정복지센터로 간판이 달라졌다. 정부 기관 관공서의 명칭이 바뀌면 법령과 시행령을 개정해야 하고 이에 따라 기업체의 정관이 개정되어야 하고, 각종 서식 인쇄물이 새로 마련되고 사용 인장도 새로 제작해야 하는 경제적 손실도 여간 큰 것이 아니다.

　모든 말이나 명칭이 일반적으로 여러 사람이 공감하고 통용된다면 그에 따를 수밖에 없다. 그리 많은 세월이 지난 것도 아닌데 북한에서 쓰는 말과 우리가 쓰는 말에 다른 뜻이 있는가 하면 문법조차 달라졌다. 영어에 Old English, Middle English, New English가 있듯이 우리말에도 고어와 현대어로 많은 변화를 불러왔고 지금도 서서히 변하고 있다. 표준화가 필요하다.

* 침묵 세대: silent generation, 1928~1945년 출생

잊지 못해 화가 난다

 '인간은 망각의 동물이다.' '니체'라는 독일의 철학자가 한 말이라고 알고 있다. 학창 시절에 망각곡선에 대한 강의를 들은 적이 있다. 구체적인 내용은 잊었지만, 그 원리와 윤곽만은 아직 내 머릿속에 남아 있다.
 사람이 나이가 들수록 기억력이 없어지는 것은 살아온 세월을 다 기억하지 말고 잊으라는 것이라고 한다. 좋은 기억, 아름다운 추억만 기억하라는 것이란다.
 망각은 섭섭했던 감정, 억울한 일과 고통스러운 기억을 잊게 해 준다. 반면에 학문적인 지식은 계속 보유하고 싶은 것이 인간의 욕망이다. 옛날 내가 교단에 섰을 때 수업 시간에도 이 원리를 설명하면서 복습의 중요성을 강조해 왔다. 오래도록 잊어버리지 않기 위해서 반복하여 복습하는 것이라고 하였다.

그러나 세월이 흘러도 도저히 잊지 못하는 일들이 머릿속에 남아 있는 일도 많다. 은혜를 입은 일, 좋은 일도 있지만 억울한 일, 괘씸한 일도 있게 마련이다. 이런 기억이 떠오를 때마다 내가 화가 나는 것은 나의 수양이 부족한 탓일까?

내가 군대 생활하던 때의 일이다. 1960년도에 1차 도미 유학을 마치고 귀국하여 인천에 있는 RCAT 부대로 발령받았다. 비행기의 엔진과 기체를 정비하면서 항공기를 띄우는 발사 반장을 맡고 있었다. 귀국하여 얼마 되지도 않은 때라 부대 내에 방을 하나 정하여 임시 기거하고 있었.

나를 도와주며 심부름을 맡은 김중일 일병이 폐품 창고에서 부서진 엔진 폐품 등 폐부속을 몰래 내다 팔았다. 영창에 보내겠다고 엄포를 놓으면서 크게 책망했는데 그날 밤 탈영하고 말았다. 삼사 일이 지났다. 저녁때에 퇴근하고 내 방에 와서 보니 잠근 방문이 열려있고 책상 서랍도 열려있다. 도둑이 든 것이다. 걸어두었던 사지 옷, 카메라, 트랜지스터라디오, 귀국하여 처음 받은 두 달 치 봉급, 가방까지 없어졌다. 한참 부대 내에 소동이 벌어졌다. 다음 날인가 휴가 갔다가 귀대하는 이현기 일병이 동인천역에서 김 일병을 만났다고 한다. 카메라를 메고 있었고 휴가 간다고 하였단다. 이제 모든 의문이 풀렸다. 김 일병은 내 방의 열쇠를 가지고 있었고 이 일병과 동기생이다. 내가 이놈을 기어이 잡아야겠다고 마음먹었다.

소문이 퍼져서 인천의 경인일보에 '듣고 보고 –영내에 도둑 소동–'이란 제목으로 기사가 났다.

여러 날을 고심하던 중에 고향인 전주에서 보았다는 소식을 들었다. 부대장에게 말하여 출장을 받아 이 일병과 같이 전주에 내려갔다. 이 일병의 부친은 지방법원장까지 지냈던 저명인사다. 그분에게 사유를 말하고 그의 집에서 자는데 밤중에 '양 군, 전화 받으시게.' 하면서 나를 깨운다. 김 일병의 부친 전화다. 아들이 '백구'라는 마을에 사는 고모 집에 왔단다. 새벽 첫차로 가야 한다고 해서 밤새 잠도 못 자고 이 일병과 김 일병 부친을 만나 백구로 갔다.

울타리 너머로 보니 툇마루 위에 군화가 보였다. 조심스럽게 사립문을 열고 들어갔다. 그의 고모로 보이는 부인이 아침밥을 짓고 있었다. 미리 연락이 다 되었는지 그 삼촌 되는 사람도 들어왔다. 김 일병을 방에다 꿇어 앉히고 부친 김창섭 씨가 허리띠를 풀라고 호통친다. 그분은 휴가에서 귀대하지 않은 단순한 탈영으로 알고 부대에 데려가서 복무하면 되는 줄 알고 있었다. 아침밥을 같이 먹었다. 내가 하나하나 범행 내용을 캐어물으니 모두 수긍하였다. 트랜지스터는 팔고 돈은 모두 서울에서 여자 친구와 돌아다니며 다 써버리고 없다고 하였다. 그 부친도 매우 놀라는 모습이다. 눈이 소복이 쌓인 겨울에 밤잠도 설친 데다 따뜻한 아침을 먹고 나니 피곤했다. 잠시 화장실에 다녀온다고 나갔다가 들어와 보니 김 일병이 없어졌다. 어른들은 이야기에 정신이 팔려 도망가는 것도 몰랐다고 한다. 급히 나가서 뒷동산 쪽으로 가니 두세 아이가 놀고 있었다. 방금 신발을 들고 저쪽으로 뛰어가더라고 한다. 그 부친과 셋이 다른 마을로 갔을 거라면서 눈 덮인 밭을 가로지르며 한참을 걸어 찾아갔으나 허사였다. 뒤에 생각하니 부친이나 삼촌이 빼돌린 것 같았다.

날이 저물고 허전한 마음으로 귀대하고 말았다. 언젠가 기어이 이놈을 다시 찾을 날이 있겠지. 그러나 차일피일 시간이 지나면서 다른 업무에 매이다 보니 영영 찾을 기회를 상실하고 말았다. 그 후엔 그의 소식을 전혀 모른다. 지금은 아픈 기억으로만 남아 있다. 그놈도 살아가면서 양심이 있다면 마음이 편치 못했으리라 생각한다. 지금 살아있다면 80대 후반에 들어섰을 터인데 어쩌면 이 세상에 없을 수도 있겠다.

이렇게 글을 쓰다 보니 또 한 가지 사연이 떠오른다. 사람을 어디까지 믿어야 옳은지 헷갈린다. 믿는 것이 죄가 되지는 않겠지. 그러나 '믿는 도끼에 발등 찍힌다.'라는 속담이 있다. 믿었다가 피해를 본 사례다. 이것 역시 내가 3차의 유학에서 유도탄 부대 정비장교 과정을 교육받고 있을 때이다.

같은 학교에 대공 탐지 레이더 정비과정에 유학하고 있는 사병이 있었다. 시험에 낙제 점수를 받고 매일 밤 스터디 홀에 나가서 보충 교육을 받고 있다. 내가 연락장교 업무를 겸하고 있어서 내게 연락이 왔다. 이 과정은 내가 잘 아는 분야이기 때문에 내가 스터디 홀에 가서 미국 교관을 대신하여 회로도를 펴고 자세히 설명해 주었다.

그 사병은 졸업하고 귀국하면서 뉴욕에 있는 친척을 방문하고 가겠단다. 그를 전송하려고 엘패소 공항으로 태워다 주고 함께 비행기를 기다리고 있었다. 댈러스에서 오는 비행기를 타게 되었는데 30분이나 연착이 되었다. 기다렸다가 전송하고 주차장에 와서 보니 내 차의 앞 유리에 주차위반 딱지가 붙어 있었다. 30분 허용 요금을 놓고 주차했는데 시간이 경과 되어 벌금을 물어야 했다.

그런데 그 사병은 귀국하지 않고 미국에서 탈영하고 말았다. 귀국하면 내 가족에게 부쳐 주라고 돈도 주고 그놈의 여비까지 조금 보태 주었는데 날아가 버린 것이다. 내가 귀국하면 같은 유도탄 부대에 근무하게 될 것이니 극진히 그를 도왔다. 믿었던 사병에게 속았다고 생각하니 분하지만, 그것으로 끝이다. 지금 그놈은 어떻게 살아가고 있을까?

망각의 여신은 이런 기억조차 앗아가 버리면 내가 더 편안할 터인데 기어이 머리에 붙어 떠나지 않으니 화가 난다.

손과 손가락

　손을 가지고 있는 동물은 사람과 원숭이뿐이다. 따라서 손이 하는 일과 손에 관한 표현도 대단히 많다. 의학적으로도 한의학에서는 손에 온몸의 신경이 모여 있다고 한다. 그래서 손에 대하여 여러 가지를 생각하게 되었다. 상당히 많은 이미지와 역할이 손에 있고 손으로 표현하는 상징적인 의미가 많음을 알게 되었다.

　사람의 손에는 다섯 개의 손가락이 있어서 각기 다른 이름이 있다. 손으로 의사 표시의 신호를 보내고 말도 할 수 있는 수어도 있다. 의사들은 환자의 손을 보고 병세를 진단하기도 한다. 손톱의 색깔을 관찰하며 임종을 예견하기도 한다. 간호사 경험이 있는 나의 큰딸도 죽기 전 입원한 병실에서 자주 손톱을 들여다보며 체념하는 표정이었다. '효도하려 했는데.' 하며 눈물을 보였다.

우리는 손으로 여러 가지 감정표현도 하게 된다. 그뿐만 아니라 모든 작업의 결과는 손으로 이루어지고 있으니 그 역할도 대단히 크다고 하겠다. 이렇게 많은 영역을 무엇부터 어떻게 설명으로 이어 나갈지 걱정이 된다. 손을 연구한 전문가도 아니고 생각나는 대로 적어보려 한다.

우선 다섯 손가락에 붙여진 이름은 우리들의 대화 속에서 저절로 통용되는 것 같다. 그러나 그 각각의 이름에는 의미가 있고 어원도 있음을 알고 있다.

우리가 '엄지손가락'이라고 부르는 첫째 손가락의 '엄지'는 '첫머리'라는 뜻이 있다. '엄'은 '어미'와 어원이 같다. 한자로는 '무지拇指'라고 하는데 엄지는 우두머리를 상징한다. 그러므로 '최고다.' 하고 표현할 때는 엄지손가락을 세운다. 그 반대로 엄지손가락을 아래로 내린다면 격멸하거나 실격을 표시한다. 로마 시대에는 황제가 사람을 죽이라는 신호로 썼다는 역사적인 기록을 읽었던 기억이 난다.

두 번째 손가락은 집게손가락, 검지, 식지食指, 인지人指, 등 그 이름이 여러 가지가 있다. 식지라는 이름은 중국의 송宋나라에서 유래되었다는데 음식의 국물을 맛볼 때 이 손가락을 이용한다고 해서 붙여진 것이다. '인지'는 일본 사람들이 많이 쓴다. 일본말로는 '히도 사시 유비(=사람을 가리키는 손가락)'라고 부른다. 우리나라에서도 남의 잘못을 지적하려고 할 때나 욕하려고 삿대질할 때나 방향을 가리킬 때는 주로 둘째 손가락을 쓴다. 엄지는 주로 나를 위주로 긍정적인 표현인 반면에 검지는 주로 상대방 너를 위주로 부정적인 생각을 표현하는 데에 많이 사용한다. 그래서 둘째 손가락으로 가리킴을 당하면 대부분이 불쾌한 감을 느끼게 된다. 이는 검지에 공격적인 살기 또는 경멸을 암시하는 기운이 흐르기 때문이다.

셋째 손가락은 중지中指, 장지(長指, 將指) 등으로 부르고 있다. '중中'은 가운데에 위치해서, '장長'은 길어서, '將(장수 장)' 역시 가장 길어 우뚝 선 모양에서 유래하였다.

넷째 손가락은 원래는 이름이 없다고 하여 '무명지無名指'로 불렀는데 약지藥指라는 이름도 있다. 약을 저을 때 이 손가락을 사용하였다는 연유로 '약지藥指'라고 했다.

'새끼손가락'은 소지小指, 계지季指, 수소지手小指, 애지愛指 등의 이름이 있다. 가장 작고 끝에 있으므로 '새끼', '작을 소小', '끝 계季'라는 이름이 붙었다. '애지'는 흔히 새끼손가락을 펴 보이면 통상 애인이라는 뜻으로 통한다.(〈속어〉 아내·애인·첩 등의 은어)

'손'이라는 말이 들어있는 용어의 의미도 참 많다. '손들어!' 하고 소리를 지르면 저항하지 말고 항복하라는 의미이다.(*영어로는 hands up) (raise a hand는 다른 뜻) '엄마 손은 약손이다.'라고 하는 것은 온몸의 기를 모았기 때문에 치료 효과가 생기는 것이다. '손모가지를 비튼다.'라는 것은 온몸의 기능을 정지시키는 것이며 '손에 손 잡고(hand in hand)'라는 말은 강한 팀워크를 만든다는 뜻을 내포하고 있다.

오른손이 한 일을 왼손이 모르게 하라는 말은 좋은 일을 한 것을 자랑삼아 떠벌리지 말라는 의미다. 남이 모르게 하는 선행이 가장 큰 자선이다. 불우한 이웃을 위해 물품이나 거액의 금액을 익명으로 기부하는 사례이다. 그러나 세상에는 자신의 조그만 일도 크게 포장해서 나타내려는 사람들이 많다. 오른손이 한 일을 왼손이 모르게 하라고 하지만 각박한 이 세상에서는 보이기 위한 자선도 괜찮다는 생각이다. 그것이 실생활에서 많은 사람에게 도움이 되고 이 사회를 건전하고 좋은 방향으로 이끌어 가기도 하기 때문이다. 이것이 본보기가 되어 여러 사람이 동참하도록 하는 효과를 기대하는 것이다.

오른손과 왼손은 서로 다른 존재다. 오른손은 왼손이 될 수 없고, 왼손은 오른손이 될 수 없다. 할 수 있는 일도 다르다. 우리나라 사람이든 서양 사람이든 사람들은 오른쪽을 높여 생각하는 존우사상尊右思想이 있는 것 같다. 그래서 오른쪽은 올바른(right) 쪽이며 바른(正義) 쪽이며, 왼쪽은 부족한 나를 상징하였다. 욕심 많고, 오욕과 사욕편정邪慾偏情*에 찌든 세속적이고 사악한 것을 상징하였다. 경례할 때는 오른손을 올려서 경의를 표하거나 오른손을 왼쪽에 있는 심장에 대는 것으로 예를 표하는 것이다. 그래서 옛날에는 양반들은 오른손이 배꼽 밑으로 내려가는 법이 없었다고 한다. 앉아 있을 때도 안석案席*에 올려놓거나 의자 걸이에 올려놓는다. 그리고 대청에 서서 하인들에게 훈시할 때도 오른손이 잡고 있을 줄이 있어야 했다. 양반은 걸을 때도 팔을 배꼽 위로 들어서 흔들며 걸었다.

　손의 동작으로 여러 가지 뜻을 표현하고 있다. 악수는 우호의 표시이고, 박수는 칭찬과 격려이다. 손뼉을 치는 것은 온몸으로 환호하는 것이다. 두 손을 비비면 아부이며, 손이 발이 되도록 빌면 정신없이 사죄하는 것이다. 새끼손가락을 걸면 강한 약속이고, 손짓, 발짓은 온몸으로 의사소통하는 것이며, 두 손 모아 기도하는 것은 간절히 염원하는 것이다. 손을 등 뒤로 감추는 사람은 비밀이 있는 사람이고, 뒷짐을 지고 있는 사람은 관망하는 것이다. 남의 손을 오래 잡고 놓지 않는 것은 정이 많거나 외로운 사람이라는 말도 있다. 두 손을 내밀면(도와주세요.) 구원하는 것이고, 거수경례는 경의를 표하는 것이라 했다. 전투 중 두 손을 들면 항복하는 것이다. 이렇게 손으로 표현하는 것은 이루 헤아릴 수 없이 많다.

그 외에도 손의 모양을 나타나는 의미도 다양하다. 손을 떠는 것은 신경계통에 교란이 온 증거이며, 손금은 운명의 지도라고 하며 손가락 지문은 개성을 나타낸다는 말도 있다.

손가락을 절단하는 것은 목숨을 건 결의이며, 명예의 전당에 유명한 배우들이 손바닥 자국을 남기는 것은 그의 일생을 남기는 표시이다. 예수께서 십자가에서 손바닥에 못 박히신 것은, 가해자는 예수님에게 가장 혹독한 고통을 주려는 것이고 예수님은 스스로 가장 큰 고통을 감수한다는 의미라고 말한다. 법원에서 노동력을 평가할 때 손은 약 70%를 인정하지만 발은 약 30%밖에 인정하지 않는다고 하니 손이 그만큼 중요하다는 것을 말해주고 있다.

손을 아름답게 보이기 위해서 네일아트가 있다. 예쁜 손은 그 모양에만 있는 것이 아니고 일하는 손이 더 아름다운 것이 아닌가 한다. 손을 놀리지 않고 되는 일은 거의 없다. 글을 쓰는 사람의 창작활동도 손을 움직여야 이루어진다. '가위바위보'도 손이 움직여야 놀이가 된다. 방아쇠도 손가락으로 당긴다. 수어도, 다양한 손의 연기도 부지런한 손의 움직임으로 이루어진다. 마술사의 손놀림도 신기하고 손그림자로 여러 가지 현상을 표현하는 것도 신기하다.

손가락의 뼈는 힘줄과 관절들로 연결되어 있고, 손가락의 끝에 미세한 신경들이 있어 이를 통해 감각을 느낄 수 있다고 한다. 손가락의 뼈는 수지골이라 하며, 손에 가까운 부분부터 근위수지近衛手指, 중수지中手指, 원위수지遠位手指라 불린다. 특히 엄지손가락은 나머지 네 손가락과는 달리 근위수지와 원위수지로 구성되어 있다.

손가락이 잘렸을 경우 병원에 가기까지 잘린 손가락을 잘 관리해야 한다. 잘린 손가락을 젖은 거즈나 수건에 싸서 비닐봉지로 한 겹 봉한 뒤 얼음이 가득 찬 봉지에 넣어 최대한 빨리 병원에 가져가야 한다. 손가락이 얼음이나 물에 직접 닿으면 혈관이나 조직이 손상되므로 주의하도록 한다. 실온에 보관한 손가락은 6~12시간 이내에 접합하면 회복할 가능성이 높고, 차가운 온도에서 보관 시 12~24시간까지 손가락의 회복 가능성이 있다고 의사들은 말한다.

손은 좋은 일만 하고 아름다운 손 귀중한 손 부지런한 손이기를 바라지만 때로는 남의 재물을 훔치는 나쁜 손 더러운 손도 있음은 실로 안타깝다.

당신의 손은 깨끗한 손입니까? 더러운 손입니까? 생산적인 손입니까? 파괴적인 손입니까? 베푸는 손입니까? 빼앗는 손입니까? 아름다운 손입니까? 추한 손입니까?

손을 잘 관리하는 것이 인생을 잘 관리하는 것이다. 부지런히 일하는 보람 있는 손으로 가꾸자고 손가락을 걸고 맹세하자. 남에게 손가락질은 하지 말고 어려운 사람은 손잡아주며 아랫사람에게는 엄지손가락을 세워주자. 늘 두 손 모아 기도하자! 남의 손을 씻어 주다 보면 내 손도 따라서 깨끗해진다.

* 사욕 편정邪慾偏情 : 바른 도리에 어긋나는 온갖 정욕. 음욕, 방종 따위를 이른다
* 안석案席 : 앉아서 몸을 뒤로 기대는 데 사용하는 방석

- **拇指** 엄지손가락 (the thumb)
- 집게손가락, 검지, **食指**, **人指** (index finger, forefinger) (ひとさしゆび)
- **中指**, **長指**, **將指**, the middle finger
- **無名指**, **藥指**, ① the ring finger ② the third finger (拇指는 finger가 아니어서)
- 새끼손가락 **小指** (little finger) (こゆび小指)

이것 또한 지나가리라

- 내 삶의 버팀목 -

이 세상에 영원한 것은 없다. 모든 것은 세월과 더불어 변해가고 있다. 저것이 언제 저렇게 변했는가 하는 감탄이 나온다. 개인에 따라 변화하는 과정을 인지하는 정도에 큰 차이가 있다. 청소년기에 느끼는 변화와 노년에 느끼는 변화의 속도는 참으로 크다.

유소년 시절에 느끼는 세월은 유유히 흐르는 강물과 같다면 황혼기의 노년에는 쏜 살과 같다고나 할까. 어린 시절부터 망백에 이르기까지 참으로 많은 변화를 경험했다.

가끔 지나온 삶의 길을 뒤돌아보는 시간을 가질 때가 많다. 즐거웠던 일, 괴로웠던 일, 아쉬웠던 일들이 문득문득 떠올라 빙긋이 웃음을 짓게 한다. 괴롭고 힘들었던 과거의 고통은 아름다운 추억으로 남는다. 지나온 삶을 머릿속에 떠올리면 잠도 오지 않고 꼬리에 꼬리를 문다.

일제 강점기에 초등학교를 재수생으로 간신히 입학하였다. 현세대의 사람들은 호랑이 담배 피우던 시절의 옛이야기로 들릴 것이다. 입학시험은 필기와 면접으로 이루어졌다. 필기는 국어(일본어)의 받아쓰기를 했고, 면접은 가족관계와 생활환경을 질문한 것으로 기억된다. 당시 나는 누구 못지않게 공부를 잘했다. 그러나 전년도에는 불합격되었다. 나보다 공부를 못하는 친구들은 합격하였다. 이유인즉 가난한 소작농의 아들이기 때문이다. 월사금을 낼 능력이 없다고 판단한 것임을 그 뒤에 알았다. 이 또한 지나간 추억이다.

중학교에 들어가는 과정도 난관이 많았다. 먹고살기 힘든 가난한 처지에 진학을 포기했었다. 그런데 초등학교 교사로 있는 외사촌 형이 밤마다 집에 찾아왔다. 나의 부모님께 구걸해서라도 나를 진학시켜야 한다고 설득하여 결국 나를 중학교에 입학하게 했다. 그러나 학비 문제로 빚을 얻어야 하는 부모님의 고통이 컸다. 어떻게 그 시기를 지나왔는지 꿈만 같다.

가난한 집 형편에 내가 중학교에 다닐 수 있었던 것은 생각해보면 어머님의 공이 컸다. 어머니는 옛 서당 훈장의 딸이다. 한문을 전혀 모르면서도 천지현황부터 언재호야까지 천자문 전부를 암송하셨다. 이른바 서당 개 3년이면 풍월을 읊는다는 격이다. 어머님은 외할아버지께서 남자가 학문을 하지 않으면 우마牛馬나 다름없다고 하셨다면서 빚을 내가면서 나를 중학교에 보내주셨다. 어머님은 내 소년 시절의 크나큰 버팀목이었다.

포병부대의 측지반장으로 눈 덮인 추운 겨울, 전방 고지를 오르내리며 측지測地하던 일도 잊을 수 없다. 좌표, 방위각, 거리, 적의 진지에 대한 화력계획을 작성하던 일이 60여 년이 지난 오늘까지도 잊지 못하는 추억이다. 군 생활에서 차량사고도 몇 번 있었으나 다행히 큰 부상 없이 건재한 것은 행운이라 여긴다. 인명은 재천인가 보다.

유도탄부대 창설 요원으로 미국에서 교육받던 일, 방공포병의 호크 검열팀장으로 예하 부대의 작전 검열과 유도탄 사격훈련을 통제하던 일, 생사고락을 같이하던 전우들, 이제는 거의 다 가고 몇 명 남지 않았다. 이런저런 지난날의 갖가지 일이 떠오를 때면 잠도 오지 않는다. 기쁜 일 괴로운 일도 많았지만 후회스러운 일도 많은 게 사실이다.

살다 보면 누구나 크고 작은 고난에 처할 때가 많다. 그것이 물질적인 어려움일 수도 있고 정신적인 어려움일 수도 있고 인간관계에서 일어나는 갈등일 수도 있다. 나로 말미암아 남의 마음에 상처를 준 일도 있을 것이다. 혹시나 얽히고설킨 삶의 매듭들이 있다면 하나하나 풀어가야 한다.

세월에 장사 없다고 했다. 나 또한 망백의 나이가 되고 보니 예전의 내가 아니다. 고교 시절엔 육상선수인 내가 지금은 지팡이가 필요하다. 기억력이 좋다던 내가 친구의 이름조차 생각이 안 난다. 커피를 마시려고 물을 끓이다가 잊고 주전자를 태운 일도 있다. 다행히도 요즘 가스레인지는 고열을 받으면 센서가 작동하여 자동으로 불이 꺼지게 되어 화재는 면할 수 있었다.

　아내는 나와 동갑인 나이다. 민첩한 릴레이 선수였고, 주산과 암산을 잘하는 명석한 학생이었다. 그러던 아내가 치매에 건망증이 극심하다. 나이가 많아서 모두 치매가 오는 것은 아니다. 하필이면 내 아내에게 치매가 오다니 운명인가 여겨 받아들일 수밖에 없다. 치매를 돌보는 일이 내게 부과된 책무이다. 내 몸도 여기저기 고장이 잦아진다. 비록 거동이 불편해도 정신은 건강하니 다행이다. 하지만 화창하던 가을날에 태풍이 일듯 언제까지 내가 아내를 돌볼 수 있을지 걱정이다. 욕심이지만 마지막 생이 끝나는 순간까지 고장 없이 보호자로 일할 수 있었으면 좋겠다. 남을 위해 등불을 밝히다 보면 내 앞이 먼저 밝아진다고 한다.

　아내는 낮잠을 자다가 깨어나면 아침으로 착각한다. 손수 키워 아끼던 손녀의 이름도 모른다. 하지만 아직 제 발로 걸어 다닐 수 있으니 내가 휠체어를 밀지 않아도 되고, 스스로 음식을 먹으니 내가 떠서 먹여주지 않아도 되니 그나마 다행으로 여긴다. 때에 맞추어 복용하는 약은 내가 늘 챙겨줘야 한다.

다윗왕과 솔로몬 왕자의 일화가 생각난다. 기쁜 일도 슬프고 괴로운 일도 영원하지 않다. 시간과 더불어 지나가게 마련이다. 어느 날 다윗 왕이 반지가 하나 갖고 싶어서 반지 세공사를 불렀다. '나를 위해 아름다운 반지를 하나 만들되 기쁠 때 교만하지 않게 하고 절망에 빠졌을 때 용기를 줄 수 있는 글귀를 넣도록 하여라.'라고 명했다. 세공사는 반지를 만든 후 어떤 글귀를 넣을지 다윗이 말한 두 가지 의미를 지닌 좋은 글귀가 떠오르지 않았다. 고민 끝에 다윗왕의 아들 '지혜의 왕 솔로몬'을 찾아갔다. 자초지종을 말하고 "어떤 글귀를 넣으면 좋겠나이까?" 하고 물었다. 솔로몬은 잠시 생각한 후 한 말이 바로 "이것, 또한, 지나가리라.(This, too, shall pass away)" 하였다.

누구에게나 힘들고 고통스러운 때가 있기 마련이다. 좋은 일이든 궂은일이든 우리가 겪는 모든 것은 한때일 뿐. 푸른 잎도 언젠가는 낙엽이 되고 예쁜 꽃도 언젠가는 떨어지지요. 일출의 장엄함이 아침 내내 계속되지 않으며 아름다운 일몰의 황혼도 한밤중까지 이어지지도 않는다. 모두 지나간다. 긍정적인 사고가 삶의 원동력이다.

아내의 치매를 돌보는 일을 결코 괴로움으로 여기지 않는다. 젊은 시절 내가 직장에 충실할 수 있도록 내조해준 아내에게 감사하며 보답하는 일이다. 유소년 시절엔 어머니가 내 학창 시절의 버팀목이었고, 지금의 나는 아내의 치매를 돌보면서 솔로몬의 지혜 '이것, 또한, 지나가리라.'라고 하는 글귀가 내 삶의 버팀목이 되고 있다.

명함 예절

명함(名銜·名啣)은 개인이나 회사에 관한 사업 정보를 다루고 있는 카드이다. 이름, 주소, 전화번호, 회사명, 직책 등을 기입하여 자신을 설명할 수 있는 역할을 하는 조그마한 종이다. 일반적으로는 개인용으로 본인의 이름만 기재하거나 직함, 연락처만 기입하는 경우가 많은데 한국에서는 구체적인 직업 등을 상세히 기록하는 경향이 있다. 영업용으로는 본인이 어떤 일을 하고 있는지 또는 자격증, 학위 등도 표현하는 경우가 많다.

비유적 의미로 '명함도 못 내민다.'라는 관용구가 있다. 비교 대상의 수준이나 정도 차이가 심하여 도저히 견줄 바가 못 된다는 뜻이다.

명함을 영어로는 개인용을 name card라 하고 a calling

card, a visiting card로도 부른다. 영업용은 business card라고 하며 자신이 속한 회사나 소속을 표기한 카드로 이름, 회사, 직급, 주소, 전화번호, 팩스 번호, 이메일 등이 적혀 있다. 보통 비즈니스를 할 때 이메일은 생략하고 이름, 직급, 회사 주소와 전화번호, 팩스 번호만 기입하는 경우도 많다.

또한 회사를 다니지 않는 학생들인 경우도 패션 명함을 만들어 사용하는 등 자신을 표현하기 위한 수단으로 활용되고 있다. 정당 활동가들이 정당을 소개하기 위한 수단이나 영업직에 종사하는 영업사원이 고객과의 거래를 위한 수단으로 활용하기도 한다.

필자가 처음으로 명함을 갖게 된 것은 군에서 전역하고 LG정밀에 입사하면서이다. 입사하자마자 명함을 지급해 주었다. 당시엔 명함을 어떻게 사용해야 하는지 자세히 몰랐다. 사내교육에서 에티켓에 관한 교육을 받을 때 조금 소개된 적이 있다. 그 후 직장생활을 계속하면서 명함을 사용하는 빈도가 많아지면서 명함에 관심을 가지게 되었다.

내가 받은 명함의 형태도 가지가지다. 국문과 영문으로 양면으로 된 것이 있는가 하면 국문 이름 밑에 영문을 표기한 것도 있다. 나는 여기서 몇 가지 오류를 발견했다. 미국에서는 통상 이름을 먼저 쓰고 성을 뒤에 쓴다. 그래서 성을 영어로 Family name, 또는 last name이라고 한다. 가령 내 이름을 'Yang Sung Bo'라고 된 명함을 미국인이 받았다면 그가 나를 부를 때 '미스터 보' 하고 부른다. 성명을 영어로 표기할 때는 'Yang, Sung-Bo' 또는 'Sung-Bo Yang'처럼 써야 한다. 성을 앞에 쓸 적에는 반드시 성 다음에 콤마를 찍어야 한다.

일본에서는 명함을 名刺(めいし 메이시, 명자)라고 하고 중국은 명편(名片, míngpiàn), 베트남은 명첩(名帖, Danh thiếp)이라 부른다. 한, 중, 일, 월 4국 모두 단어가 제각각이다.

일본은 유달리 명함 문화가 발달되어 있는 편인데, 이름이나 성에 훈독·음독이 섞여 있고 특수용법·전통적 발음·지역 발음 등까지 겹쳐서 본인이나 본인 가족들 아니면 어떻게 읽는지 헷갈리는 경우가 많다. 예를 들어 河本亮 같은 지극히 평범한 이름을 읽을 때도 성 부분은 '카와모토'로도, '코모토'로도 읽을 수 있고, 亮양이라는 이름도 각각 료, 아키라, 마코토 등 독법이 다양하기에 헷갈리기 쉽다. 물론 일반적으로 통하는 발음이 있긴 하지만 예외가 많다. 그래서 일본 명함엔 이름 한자 위에 히라가나를 붙이거나 로마자를 붙이는 경우가 많다.

한자만 적혀 있는 명함을 받았다면 상대방의 이름을 확실히 알고 있는 것이 아닌 이상 반드시 어떻게 읽는지 물어봐야 한다. 설령 그게 윗사람일지라도 당사자 본인에게 꼭 물어봐야 한다. 비서에게 묻는 것보다 자신을 더 존중한다는 느낌이 들기 때문에 본인에게 직접 물어봐야 한다. 타인에게 물어봤다가 그 사람이 잘못 가르쳐 주는 경우도 있을 수 있고, 본인에 관심이 없다고 받아들일 여지도 있기 때문이다. 타인에게 그 사람 앞에서 이름을 묻는 것은 매우 큰 실례다. 차라리 본인에게 대놓고 이름을 묻는 것이 나중에 틀리게 말하는 것보단 낫다.

한국도 과거에 한자를 많이 썼던 시절에는 이것이 예의였다. 한국 한자음에서도 이름에만 통용되는 특수 독음이 많다. 金만 해도 원래 독법은 '금'이고, 성씨로 사용될 때만 '김'으로 읽는다.

일본의 비즈니스 명함에는 사적인 정보가 일절 들어가지 않는 것이 보통이다. 특히 전화번호가 회사 번호만 들어가며, 개인 휴대전화 번호는 들어가지 않는 것이 일반적이다. 물론 회사에서 지급해 주어 업무 시에만 사용하는 업무용 휴대전화 번호가 들어가는 경우는 많이 있다. 그러기 때문에 만약 그 사람에게 업무차 전화하려는 경우, 회사로 전화를 걸어서 그 사람을 바꿔 달라고 하는 것이 일반적인 흐름이다. 만약 부재중인 경우에 개인 휴대전화 번호를 알려 달라고 하는 것은 실례이다. 회사 차원에서도 개인의 프라이버시로 간주해서 절대 가르쳐주지 않는 것이 기본이다.

업무용 명함에도 개인 휴대전화 번호가 들어가 언제든지 본인에게 직접 연락할 수 있도록 하는 경우가 보편적인 한국의 비즈니스 명함과는 다른 부분이다.

비즈니스상에서는 명함을 주고받는 자세부터 상당히 중요한 의미가 있다. 거래 상대에 대한 예의의 표현이기도 하기 때문이다. 명함 교환 예의는 나라마다 조금씩 다르다.

명함을 건넬 때 가벼운 목례를 하면서 명함을 건네는데 반드시 서서 명함을 건네야 하고 '처음 뵙겠습니다. 저는 ○○입니다.' 등의 간단한 자기소개를 곁들이면 좋다. 소속과 직함, 성함을 정중하게 밝히며 두 손으로 건네야 한다.

명함은 아랫사람이 윗사람에게 먼저 건네는 것이 기본예절이다. 직장 상사와 미팅에 동행한 경우라면, 상급자가 명함을 건넨 후에 이어서 전달해 주며, 미팅에 참여한 상대가 더 낮은 직급이라도 상대 회사를 대표해 나온 사람이기 때문에 공손한 자세로 일어서서 명함을 건네는 것이 중요하다. 명함은 상대방이 글씨를 바로 읽을 수 있도록 정면을 향해, 양손으로 정중하게 내밀어 건넨다.

명함을 받을 때도 공손하게 두 손으로 받으며 감사하다는 말을 하는 게 좋다. 명함을 받자마자 바로 주머니나 지갑에 넣으면 절대 안 된다. 받은 명함을 5초 정도 들고 내용을 숙지하면서 봐줘야 예의이다. 이후에 자리에 앉아서 상담하게 될 때는 명함을 집어넣지 말고 책상 오른쪽에 두고 기재되어 있는 이름과 직급을 부르며 대화를 하는 것이 기본예절이다. 모든 미팅이 종료된 이후에는 최대한 보이지 않게 명함을 챙겨야 한다.

비즈니스 현장에서 명함을 주고받는 일은 단순한 정보 전달을 넘어, 상대방에 대한 존중과 예의를 표현하는 첫 공식적인 절차이다. 특히 처음 만나는 자리에서는 명함이 곧 자신을 대표하는 도구이며, 짧은 순간에 전문성과 태도를 보여줄 수 있는 기회가 된다. 명함을 건네는 방식, 받는 태도, 그리고 그 이후의 처리 방식까지 모두가 상대방이 나를 어떻게 기억할지를 좌우하는 중요한 단서가 되는 것이다.

아무리 좋은 인상을 가진 사람이라도, 명함을 무심히 한 손으로 건네거나 한 손으로 대충 받는 모습은 무례하게 보일 수 있고, 상대방에게 부정적인 인식을 남길 수 있다.

또한 명함 예절은 단순한 개인 매너를 넘어서, 조직 전체의 이미지를 반영하기도 한다. 그러므로 신입사원이라도 명함을 정중히 주고받는 태도는, 자신은 물론 회사의 신뢰도를 높이는 데 기여하게 되는 것이다.

명함을 동시에 주고받는 경우에는 오른손으로 주고, 왼손으로 받으면 된다. 혹시 모르는 한자나 외국어가 있는 경우에는 실례지만 어떻게 읽는지 질문하는 것도 좋다. 이렇게 질문하는 것은 오히려 상대방에 대한 관심을 표현하는 것으로 보여질 수도 있다.

받은 비즈니스 카드는 상대방을 기억하는 데 중요한 자료이니, 소중하게 다루는 것이 예의이다. 회의 중이나 자리 이동 시에도 비즈니스 카드를 함부로 접거나 버리지 않도록 주의해야 한다. 구겨지거나 더러워지는 것을 방지할 수 있고, 필요할 때 빠르게 꺼내기 편리하기 때문에 지갑이나 가방 속에 그냥 넣지 말고, 전용 케이스나 보관함에 넣어 보관하는 게 좋다.

받고 나면 날짜, 회사명, 만난 장소나 용도에 따라 분류해서 정리하는 것이 좋다. 업무용, 개인용, 관심 있는 분야별로 나누면 나중에 필요할 때 쉽게 찾을 수 있다. 스마트폰 앱이나 엑셀 프로그램을 활용해 비즈니스 카드 사진을 찍어 저장하는 것도 좋은 방법이다. 분실 위험이 적고, 키워드 검색으로 빠르게 찾을 수 있어 업무 효율성을 높일 수 있다.

비즈니스 카드 목록은 주기적 점검과 업데이트도 필요하다. 오래된 비즈니스 카드나 연락처는 주기적으로 확인해서 불필요한 것은 정리하고, 연락처가 변경되었을 때는 업데이트 해야 한다.

할 수 있을 때 하지 않는다면

우리 일상의 모든 일에는 적절한 때가 있다. 계절에도 춘하추동이 존재한다. 자연현상의 모든 변화도 그 시기에 알맞게 조화를 이루고 있다. 봄에 피는 꽃은 언제나 봄철이 돌아와야 핀다. 코스모스는 가을이 와야 핀다. 눈은 겨울이 되어야 내린다. 이러한 자연현상도 때가 지나면 볼 수 없게 된다.

우리의 일상생활에서도 적당한 시기가 있는 것이다. 사람이 성장하는 과정에도 때가 있다. 우리가 해야 하는 일에도 알맞은 때가 있다. 그때가 아니면 안 되는 일이 있다. 하고 싶은 일이나 해야 할 일도 때를 놓치면 못 하는 일이 있다. 나는 이것을 기회라고 주장한다. 기회를 놓치면 이루지 못하고 후회만 남는다.

때는 계절의 의미일 수도 있고 동식물이 성장하는 과정에서 시기일 수도 있다. 일상생활의 행위에서 시간일 수도 있다. 이러한 때를 놓치면 그 기회는 아주 사라져 버리고 만다.

지나간 뒤에 후회해도 돌이킬 수 없다. 나는 여기서 이것들을 적절한 시기(season), 좋은 기회(chance), 알맞은 시간(time)으로 설명하고자 한다. 취할 때나 버릴 때도 알맞은 시기와 적절한 기회가 있는 것이다. 물러날 때 물러나지 않으면 뒤에 비난의 대상이 된다. 범법자가 자수할 기회가 주어졌는데 자수하지 않으면 정상참작이 안 된다. 잘못을 저지르고도 용서를 빌면 관용을 베풀게 되는 것이다. 모든 것은 적절한 기회가 있다. 기회가 주어졌는데 그 기회를 놓치면 어떻게 될까. 기회가 왔는데도 붙잡지 않으면 영원히 날아가 버리고 만다. 따라서 얻어지는 것이 있을 수 있겠는가?

춥다거나 또는 덥다고 일하지 않으면 얻어지는 것이 없다. 봄에 씨를 뿌리지 않으면 가을에 수확할 것이 없다. 기회가 오면, 때가 오면, 절호의 기회를 놓치지 말고 붙잡아야 성취할 수 있다.

청소년 시절에 공부하지 않았다가 늙어서 공부하려고 하면 소기의 목적을 달성할 수 있겠는가. 열차의 출발시간에 탑승하지 못하면 그 열차를 잡을 수 있겠는가. 약속한 시간에 약속 장소에 가지 않으면 만남이 성사되겠는가. 때를 놓치면 많은 것을 잃게 된다.

때는 놓치기 쉬운 것이고 기회는 붙잡기 어렵다. 시간은 쉬지 않고 흘러가기 때문이다. 목표 달성이나 성공은 기회가 왔을 때 붙잡았는가, 때가 왔을 때 실천했는가의 여하에 달린 것이다.

젊은 시절 어느 회사에 근무하면서 사내교육으로 썼던 구절이 새삼스럽게 떠오른다. 'If it's not done now, When will it be? If you don't do it, Who will do that?' '지금 하지 않으면 언제 할 것인가? 내가 하지 않으면 누가 할 것인가?'라는 뜻이다.

이제 망백의 나이에 이르러 뒤를 돌아본다. 수많은 기회가 있었다. 그 기회를 붙잡지 못한 것이 아니라, 놓아 버리고 만 것 같다. 그때를 놓치지 말고 기회가 왔을 때 과감히 도전하였더라면 지금은 어떤 위치에 있었을까 생각해 본다.

1960년에 미국 텍사스주 엘패소에 있는 군사학교에 유학한 때가 있었다. 멕시코와의 국경지대이다. 멕시코 사람들이 많이 살며 멕시코를 자주 드나들 수 있었다. 여기서 스페인어를 배울 수 있겠다는 생각이 들었다. 그러나 힘들게 겨우 따라가는 수업 때문에 그러한 여가를 갖지 못했다. 그런데 그 후에 절호의 기회가 왔다. 3년 뒤인 1963년에 또 그 학교에 유학하게 된 것이다.

이번에는 기간도 1년이 훨씬 넘는다. 유학 경험도 있으니 여유 있는 학교생활이 되리라 기대했다. '기초 서반아어'라는 책을 사서 가지고 갔다. 기회가 왔으면 붙들어야 하지! 자신과 약속했으면 지켜야지! 그런데 그 귀한 시간을 그냥 보내버린 것이다. 삼 년 전에는 나 혼자였지만 이번에는 여럿이 함께 왔다. 어울려 놀러 다니고 관광 다니다 보니 시간만 허비하고 실행에 옮기지 못했다. 지금 와서 후회한들 무슨 소용이랴!

모든 것은 주어진 때가 있다. 찾아온 기회를 붙잡는 노력이 없는데 무슨 소득이 있을 것인가? 사람은 본시 욕심이 많은 동물인가? 아니면 나 자신이 너무도 욕심이 많은 탓인가? '해야지.' 하는 생각뿐이다. 이것도 하고 싶고 저것도 하고 싶다. 그러나 하나만 선택해야 한다.

나는 영어의 'B'와 'D' 사이에 'C'가 있다는 말을 자주 인용한다. 인생은 B(birth)로 시작해서 D(death)로 끝난다는 '사르트르'의 말이다. 모든 사람은 출생(Birth)과 죽음(Death) 사이에 'C(choice)' 즉 수많은 선택을 하며 살아간다는 이론이다. 그 선택에 따라 우리의 미래는 결정되고 있다.

일상생활 속에서 선과 악의 선택, 직업의 선택, 배우자의 선택, 주어진 환경 등은 자신이 평생 이어지는 조건들이다. 우리가 무엇을 선택하든지 바로 눈앞만 보는 근시안이 아닌 보다 멀리 내다보는 선택이 중요하다. B와 D 사이에 주어지는 선택에 어떠한 목표를 가지고 계획적인 선택이었는가에 따라 결과는 전혀 다른 인생을 살게 된다.

　우리 인생은 선택을 통해서 또 다른 'C'를 얻게 된다는 것이 필자의 주장이다. 선택을 통해서 삶의 변화(Change)를 가져온다. 이 변화가 행복한 삶의 기회(Chance)가 된다. 변화가 없으면 기회도 없고 성공도 없다. 그런데 변화란 내용보다도 시점時點 즉 때가 더 중요하다. 중요한 변화의 기회가 왔을 때 포착(Catch)해서 실행하는 것이다. 이렇듯 B에서 D로 가는 인생은 선택(Choice)을 통해서 변화(Change)하고 기회(Chance)를 놓치지 않고 붙잡아서(Catch) 실행하는 데는 도전(Challenge)이 필요한 것이다.

　모든 것은 때가 있다. 아무 때나가 아니라 적절한 때, 알맞은 시간, 좋은 기회를 의미한다. 우리가 할 수 있을 때 하지 않는다면 하려고 할 때 할 수 없는 것이기 때문이다. 여기에 필요한 것이 용기 있는 도전이다. 실패를 두려워하지 않는 도전이다. 마지막에 강조한 도전 'C(Challenge)'가 'D(죽음)'에 이르기 전에 우리에게 주어진 기회이며 우리가 선택할 대상이 아니겠는가?

　이 글을 쓰면서 우리에게 주어지는 시간과 기회가 얼마나 귀한 것인가를 느낀다. 할 수 있을 때 해야 한다. 기회가 오면 붙잡아야 한다. 그냥 보내거나 놓치고 나면 후회만 남는다.

내 주변의 친구 중에는 나를 주책없는 짓을 한다고 비아냥거리는 사람도 있었다. 이 나이에 무엇을 그리 열심히 배우러 다니느냐는 것이다. 이 나이에 무엇을 한단 말인가? 이는 모든 것을 체념하는 나약한 말이다.

하고 싶은 일은 너무도 많다. 잘 쓰지 못하는 수필이지만 열심히 써 보겠다. 시 낭송도 배우고, 외국어도 공부하고 할 수 있는 일을 그냥 보내고 후회하지 않기 위해서다.

'너무'라는 말의 거부감

 아직은 너무 어리다. 그 신발은 너무 작다. 그건 너무 크다. 이건 너무 무거워서 들 수가 없다. 너무 적다, 너무 많다, 우리가 통상 쓰는 말 가운데 '너무'라는 말에 나는 항상 거부감을 느낀다. '너무'라는 말은 긍정적인 의미보다 부정적인 의미가 강하기 때문이다. 앞에 열거한 예문을 보면 적절한 범위를 벗어난 부적합하다는 뜻이다. 즉 가용한 상한선과 하한선의 범위를 벗어나서 알맞은 정도에 미달하거나 넘어선 불합격품이다.
 '너무'라는 말은 국어사전에도 '정해진 정도나 한계에서 지나치게, 또는 보통을 훨씬 넘어서는 정도로'라고 설명하고 있다. 어떤 부품이 '너무 크다.' 또는 '너무 작다.'라고 말하면 커서 또는 작아서 쓸 수가 없다는 말이다.

우리가 오랫동안 써 오던 말이 모르는 사이에 그 의미가 퇴색되거나 달라지기도 한다.

언제부터인가 언론 매체나 방송국의 아나운서나 행사장의 진행을 맡은 사회자까지도 '너무'라는 말을 남용하고 있다고 생각한다. '너무'라는 단어 대신에 '아주'라고 하든지 '매우'라고 하는 것이 옳다는 생각이다. 몇 가지 예를 들어보겠다. 꽃이 너무 예쁘다. 그림이 너무 아름답다. 그 코미디는 너무너무 재미있다. 여기서 너무 대신 '매우, 참, 아주, 대단히'로 써야 옳다는 생각이다. '꽃이 참 예쁘다. 그림이 매우 아름답다. 코미디는 대단히 재미있다.'라고 말하면 어색한 표현일까? 따지고 보면 너무 어떻다 하는 것은 틀린 표현이라 생각한다.

사투리도 일반 대중이 널리 쓰고 모든 사람이 공감하는 경우는 표준어로 정해진다고 한다.

예쁜 것, 좋은 것, 훌륭한 것, 뛰어난 것 등을 그보다 더 좋게 부각하기 위한 표현으로 '너무'라는 단어를 쓴다고도 생각해 보았다. 그래도 수긍하기 어렵다.

나는 가끔 우리말을 영어로는 어떻게 표현하는지 생각하는 경우가 많다. 가령 '그것은 너무 훌륭해.'를 영어로 말할 때 '잇츠 베리 나이스(It's very nice.)'라 할 것이다. 여기서 '베리'라는 단어는 '너무'가 아니라 '매우'라고 해야 옳다. '너무 크다.'를 영어로 말할 때 '잇츠 투 빅(It's too big.)'이라 한다. 이때 '투'는 '너무'가 맞다. 이렇게 생각해 보면 '너무 아름답다.'보다 '매우 아름답다.'라고 하는 것이 옳은 표현이라 생각한다.

우리가 습관적으로 '너무 멋지다. 너무 좋다. 너무 행복해.' 등으로 쓰는 말이 아무 거리낌 없이 일반적으로 통용되고 있으니 언어 표현의 잘못된 습관으로 이해할 수밖에 없다. 잘못된 표현이라고 시비를 거는 게 아니라 언어의 정화 측면에서 그러는 것이 옳지 않은가 하는 나의 주장이다.

아무튼 '너무'는 정도를 벗어난 표현이라고 볼 때 '너무'라는 말이 들어가는 언행은 삼가는 생활이 바람직하다고 본다. 미달하거나 지나침보다 적절한 것이 좋을 것이다.

'너무'라는 말이 들어가면 안 되겠지요?

너무 잘난 체하지 맙시다. 너무 아는 척도 하지 맙시다. 너무 어리석은 행동은 하지 마세요. 너무 고집부리지 마세요. 이래라저래라 너무 간섭하지 마세요. 너무 큰소리치지도 마세요. 너무 겸손한 것도 좋지 않아요. 너무 시끄럽게 굴지 마세요. 너무 큰 것을 기대하지 마세요. 너무 오래 기다리게 하지 마세요. 너무 말이 많아요. 그럼 부정적인 말 그만할게요.

'너무'라는 표현을 부정적으로만 보지 말고 긍정적으로 생각해 보면 어떨까 하는 생각도 하여보았다. 그래도 내가 고

집이 있어서인지 도저히 수긍하기 어려운 것이 사실이다.

　오늘 너무나 보고 싶다 친구야. 조카야 너무 사랑스럽다. 너와 지내던 추억이 너무 그립다. 오늘은 너를 만나 너무 행복하다. 오늘도 반가운 동아리 친구들을 만나서 너무 즐겁다. 너무 기분이 좋다. 모두 반갑다. 이렇게 말하면 어색함이 덜한 것도 같지만 여기에서도 너무 대신에 참으로, 정말로, 아주, 매우 등으로 썼으면 좋지 않을까?

18세와 81세의 차이점

'다르다, 까마득하다.' 18세 청년과 81세 노인의 생각입니다. 세상을 보는 방식도, 이해하는 방식도 모두 다릅니다.

노인은 청년을 이해하지 못하고, 어리다고 말합니다. 청년은 노인을 이해하지 못하고, 고리타분하다고 말합니다. 세상 사람들을 줄로 세운다면 아마도 대부분 그사이 어딘가에 속해 있을 것이다.

우리들의 삶은 18세인 아름다운 젊은 시절이 있었고 또 대부분이 81세의 노년 시절을 경험하게 될 것이다. 서로 이해하며 행복하기를 기원합니다.

어떤 여행가가 일본 여행 중에 어느 선술집에 누군가가 걸어둔 아래와 같은 글이 걸려 있었다고 합니다. 그럴듯한 비유이기도 하지만 풍자성 글이라 재미도 있는 글입니다.(편)

첫 투표 설레는 18세, 경륜으로 투표 81세.
사랑에 빠(溺)지는 18세, 욕탕서 빠(溺)지는 81세
도로를 폭주하는 18세, 도로를 역주행하는 81세
마음이 연약한 18세, 다리뼈가 연약한 81세
두근거리는 것이 안 멈추는 18세, 심장질환이 안 멈추는 81세
사랑에 숨 막히는 18세, 떡 먹다 숨 막히는 81세
학교 점수 걱정하는 18세, 혈당 당뇨 걱정하는 81세
아무것도 모르는 18세, 아무것도 기억나지 않는 81세
자기를 찾겠다는 18세, 모두가 찾아 나서는 81세

우리의 인생살이에서 불지 않으면 바람이 아니다. 가지 않으면 세월이 아니다. 늙지 않으면 사람이 아니다.

인간이 몇 살까지 살 수 있다고 생각하십니까? 근래 부쩍 '100세 시대'라고 하니 100살까지는 살 수가 있지 않을까 생각하지만 아래 자료를 보면 80세까지 사는 것도 대단한 행운이요, 축복입니다.

한국인의 연령별 생존 확률, 70세까지 86%, 75세까지 54%, 80세까지 30%, 85세까지 15%, 90세까지 05%. 확률적으로 살 수 있는 나이는 75~78세입니다.

남은 시간 좋은 일도 많이 하시고 늘 웃고 사십시오. 드실 수 있을 때 맛있는 것도 많이 드시고요, 당장 오늘부터 친구

를 찾아 나서세요.

  다시 오지 않을 오늘입니다. 평온한 노년을 즐거운 시간으로 가득 채워 보내세요.

                (누가 보냈는지, 카톡에서 받은 글입니다.)

Part 4.
말 한마디의 무게

진정한 마음에서 우러나오는 말이 누군가를 기쁘게 한다. 칭찬과 용기를 주는 말 한마디에 어떤 이의 인생은 빛나는 햇살이 되기도 한다. 정다운 말 한마디는 사람 사이에 막힌 담을 허물어 준다. 실의에 빠진 이에게 격려의 말 한마디, 슬픔에 잠긴 이에게 용기의 말 한마디, 아픈 이에게 사랑의 말 한마디를 건네는 사회이기를 바란다.

말 한마디의 무게
내일은 없다
난 알아요
시간은 공평한가
스마트 폰의 공해
가는 날이 장날이다
마무리
친구가 그립구나!
나에게 가을은
새를 잡던 겨울
태종대 공원을 산책하며

말 한마디의 무게

　말 한마디에도 무게가 있다. 말은 사람들 사이에 의사소통의 수단이다. 자신의 생각을 타인에게 전달하기도 하고 남의 입장을 이해하는 매체라고 할 수 있다.
　이러한 말에는 말하는 사람의 사상이나 감정이 포함된다. 말하는 것을 보고 그 사람의 인품이나 소양을 가늠하게 된다.
　듣는 사람의 입장을 전혀 헤아리지 않고 별 쓸모없는 이야기를 늘어놓으면 말이 헤프다고 한다. 하지 말아야 할 말을 참지 않고 함부로 하면 말이 가볍다고 한다.
　반대로 무거운 말은 또 어떤 것인가. 우리의 삶에 희망을 주는 말, 용기를 주는 말, 두고두고 마음속에 간직하고 싶은 좋은 말, 비밀을 지켜 발설하지 않기로 약속한 말, 상대의 입장을 배려하는 신중한 말일 것이다. 이러고 보면 말 한마디에도 무게가 있다는 것이 분명해 보인다.

젊은 시절 직장생활을 하다 보면 말을 많이 하게 된다. 학교에서 학생들을 가르치는 교단에서도 이해하기 쉬운 말을 해야 했다. 기업체에 근무하면서도 질문에 답을 해야 하고 물어보기도 해야 한다. 부하에게 업무 지시를 하고 상사에게 보고도 해야 한다. 회의나 세미나에 참석하여 발표하는 기회가 많아졌다. 어떻게 하면 말을 잘할 수 있을까. 아나운서의 말과 정확한 발음을 부러워했다. 같은 내용이라도 설명하는 말의 표현에도 받아들이는 비중의 차이가 크다.

군대 생활을 미사일부대 정비장교로 근무하면서 기술 분야의 세미나를 많이 가졌다. 방문객들에게 브리핑도 하여 발표를 잘한다고 부대 내에서 정평이 나기도 했다.

방위산업의 대기업에 입사하고도 말을 많이 하게 되는 보직에서 주로 일해왔다. 검사과장, 품질관리과장으로, 원인 분석이나 개선 업무에 주력하다 보니 자연히 회의가 많아졌다.

1976년에 언어문화사에서 발행된 『스피치 대박과 사전』을 샀다. 1,500페이지가 훨씬 넘는 무거운 책이 아직도 내 방의 책꽂이에서 잠자고 있다. 처음에 몇 차례나 읽어보다가 거의 보지 않고 그냥 방치된 상태다. '읽지 않는 책은 나무토막과 같다.'라고 하는 성현의 말과 같이 이제는 나무토막에 불과하다. 버리자니 아깝고 두자니 거추장스럽고 애물단지가 되었다. 책을 사면서까지 좋은 말, 아름다운 말을 하려고 했으나 이 나이가 되도록 습관화되지 못했다.

처음 만나는 낯선 이에게 보내는 미소와 고운 말은 희망이 되고 좋은 이미지를 낳는다. 우리나라 사람들은 모르는 사람을 산책길에서 만나도 인사에 인색하다. 근래에 와서는 '반갑습니다.' 하거나 '안녕하세요.' 하는 사람이 늘어나는 추세인 듯하다. 여러 번 미국 여행에서 보면 길거리에서 또는 공원 산책길에서 만나는 사람마다 '굿모닝' 또는 '하이' 하고 인사를 한다.

성질을 고치는 약은 없다고 한다. 사람마다 성격이 다르다. 하루 종일 몇 마디 말을 하지 않는 과묵한 사람이 있다. 어제 한 말을 오늘도 하고 했던 말을 또 하는 말 많은 사람도 있다. 말을 너무 많이 하는 사람은 거짓말이 섞이고 험담이 있기 마련이다.

말은 자신의 생각을 나타낸다. 생각하는 대로 행동하게 되고 그 행동이 습관이 된다. 좋은 습관이 자신의 인격이고 인생이다. 고사성어에 삼사일언三思一言이란 말이 있다. 세 번 생각한 후에 한마디 하라는 말이다. 바꾸어 말하면 말 한마디 하기 전에 세 번 생각하라는 뜻이다. 말과 습관은 자연히 몸에 배어야 하는 것이다.

오래전에 있었던 일이다. 미국에서 여러 해 살면서 초등학교에 다니던 손녀가 귀국하여 수원의 한 초등학교에 편입하였다. 아이들이 장난치면서 지나가다가 손녀를 건드렸던 모양이다. 손녀가 하는 말, "여기 아이들은 이상해요."

"왜?"

"달려가면서 나를 치고 갔으면서 아무 말도 하지 않고 그냥 가버려요."

"그럼 어떻게 해야 하는데?"

"미국에서는 '익스큐스 미' 하든가 '아임 쏘리' 하고 가는데."

"네 말이 맞다. 일부러 한 것은 아니지만 당연히 사과하고 가야지."

그 아이의 습관이 잘못된 것 같으니 본받지 말라고 하며 넘겼다. 이런 것들이 남을 배려하는 습관이 몸에 배지 않은 사회 현상인가 한다. 말 한마디라도 남을 배려하는 마음이 아쉽다.

진정한 마음에서 우러나오는 말이 누군가를 기쁘게 한다. 칭찬과 용기를 주는 말 한마디에 어떤 이의 인생은 빛나는 햇살이 되기도 한다. 정다운 말 한마디는 사람 사이에 막힌 담을 허물어 준다. 실의에 빠진 이에게 격려의 말 한마디, 슬픔에 잠긴 이에게 용기의 말 한마디, 아픈 이에게 사랑의 말 한마디를 건네는 사회이기를 바란다.

수필 글쓰기 강의를 처음 수강할 때 선생님이 줄 바꾸기, 들여쓰기, 맞춤법 교정 등 첨삭지도를 해 주었다. 잘 쓸 수 있다는 격려 덕분에 나는 지금도 계속 글을 쓰고 있다.

별것 아닌 일에도 그 사람의 말 한마디에 기분이 좋아지기도 하고 반면에 기분이 상하기도 한다. 말 한마디에 천 냥 빚을 갚는다는 속담이 있다. 말만 잘하면 어려운 일이나 불가능해 보이는 일도 해결할 수 있다는 의미이다. 사회생활을 하면서 의사소통에 사용하는 말의 중요성을 강조하는 뜻을 담고 있기도 하다. 특히 곤란한 상황이 닥쳤을 때, 말을 잘함으로써 위기를 벗어날 수도 있다는 말이다. 말은 단순히 의미를 전달하는 수단이 아니라 사람의 감정을 자극하고, 설득하는 도구이다. 그러므로 상대방의 입장을 헤아려 상황에 따라 말을 조리 있게 또 설득력 있게 잘하는 것은 원만한 사회생활을 하기 위한 필수 요건이다.

거짓말, 상심의 말, 거친 말, 유혹하는 말은 사람을 어둡게 한다. 진실한 말, 긍정적인 말, 감사의 말, 칭찬의 말, 희망적인 말은 마음을 밝게 하는 힘이 있다. 내 말 한마디 때문에 마음을 아프게 하고 상처받는 사람들이 없기를 바란다. 말 잘하는 사람이 되려고 스피치 백과사전까지 사면서 공부했지만, 용두사미가 되었다.

말 한마디의 무게를 수치로 나타낼 수는 없다. 말도 행동이고 행동도 말의 일종이다. 말의 위력이 나타날 때는 부정적일 때보다 긍정적일 때 더욱 드러난다. 가벼운 말은 하지 말고 무게가 좀 나가는 말을 하는 사람으로 대접받기를 원한다.

내일은 없다

'내일'이 있는가? '내일'은 없다. 하루살이의 이야기가 아니다. 내일이란 존재하지 않은 가상의 시간일 뿐이다. 어제 내일이라고 했던 것이 오늘이다. 오늘 우리가 말하는 내일은 미래에만 있다. 현실적으로 다가온 것은 오늘이지 내일이 아니기 때문이다. 내일은 항상 미래에만 있다. 그렇지만 사람들은 미래에 할 일들을 오늘 계획해 둔다. 다가올 오늘이 더 나은 생활이 되기를 바라는 마음에서다. 그 계획의 실천을 통해서 이 사회는 발전하고 있는 것이다. 우리는 오늘로 다가오게 될 가상의 내일을 위하여 온갖 노력을 다하고 있다.

시간이 흐르면서 과거는 점점 쌓여간다. 미래는 좋은 오늘이 되기를 바라는 희망이다. 사람들은 그 희망이 현실이 되기를 기대한다. 그러면서 설계를 이어간다. 무엇이 되고 싶은 꿈을 그린다. '드림 노트(Dream note)'라는 것이 있다. 우리가 성장해 가면서 장차 내가 무엇이 되고 싶다 하는 생각을 하게 된다. 이런 생각들이 생길 때마다 드림 노트에 적어나간다. 시간이 흐른 뒤 그 노트를 보면서 자기반성의 자료로 삼는다. 바라던 길로 가고 있는지, 그 생각은 잘못된 생각이었는지, 새로 바라는 꿈은 무엇인지, 다시 드림 노트에 적어둔다.

우리의 인생은 내가 바라는 대로만 꼭 진행되지는 않는다. 바라는 소망이 이루어지면 그것이 성공이다. 성공을 위하여 모든 어려움을 극복해 가는 과정이 중요하다. 표면적으로 드림 노트가 있든 없든 굳은 의지가 필요하다. 계획했던 일들이 얼마나 실천했는가에 따라 성공과 실패가 갈린다. 쉬운 일은 결코 아니다. 여기에는 치열한 경쟁도 따르기 때문이다. 경쟁에서 이기기 위하여 최선의 노력을 다한다. 지면 낙오자가 되기 때문이다.

웅대한 꿈을 실현하기 위해 노력하는 청소년들에게 희망과 용기를 주는 격언들이 있다. 하버드대학 도서관에 붙어 있는 명문 30훈 중에 몇 가지를 소개한다.

'지금 잠을 자면 꿈을 꾸지만 지금 공부하면 꿈을 이룬다.'
'내가 헛되이 보낸 오늘은 어제 죽은 이가 갈망하던 내일이다.'

'오늘 할 일을 내일로 미루지 마라.'
'오늘 보낸 하루는 내일 다시 돌아오지 않는다.'
'오늘 걷지 않으면 내일은 뛰어야 한다.'

이것들은 모두가 내일을 위하여 오늘 부지런히 노력하라고 일깨워 주는 명언들이다.

'할 수 있을 때 하지 않는다면 하려고 할 때 할 수 없게 된다.' 이러고 보니 내가 살아온 과거를 책망하는 말로 들린다. 때를 놓치면 그런 때는 다시 오지 않는다. 우리에게 주어진 기회를 붙잡지 못하면 다시 그런 기회가 오지 않는다. 미국 유학 시절 스페인어를 배울 좋은 기회가 있었지만, 관광에 시간을 보낸 것이 지금도 후회가 된다. 후회 없이 살 수는 없겠지만 덜 후회하며 사는 방법이 있다면 현재에 최선을 다하는 것이다.

내가 젊었을 땐 늙으리라 생각하지 않았고, 항상 건강할 것이라고 여겼다. 그러나 이제 망백의 언덕에 서 있는 늙은 몸이 되었다. 복막염 수술도 받았고 심혈관 시술도 두 번이나 받아야 했다. 세월이 가면서 모든 것은 변하고 있다.

수년 전 생사고락을 같이하던 후배 전우가 돌아가서 몇몇 친구들과 문상하고 왔다. '다음은 누구 차례냐.' 하고 우리끼리 농담도 했다. 그러던 친구도 얼마 전 세상을 떴다. 이제는 터놓고 농담을 주고받을 친구도 곁에 없어 외톨이가 된 기분이다.

  오늘도 내일도 모른다. 예견하지 못하고 산다. 오늘이 가면 내일이 오고 그 내일이 바로 오늘이다. 내일은 오늘보다 나으리라는 희망은 항상 존재한다. 그러한 기대 속에 우리는 살고 있다.

  날마다 오늘이 오고 날마다 해가 뜨고 지지만 늘 같은 오늘이 아니다. 우리가 기대하는 내일은 어떤 모습으로 변하여 오늘이 될지 궁금하다.

  '어제 나는 너와 같았으나 내일 너는 나와 같으리라.' 언젠가 내가 읽었던 책에서 기억나는 어느 묘비에 새겨있는 글이다. 상당히 의미 깊은 사연이라 여기며 먼저 간 친구들의 얼굴을 그려본다. 오늘의 삶에 소홀함이 없었는가? 늘 반성하며 살려고 한다.

    내일이면 늦으리. It would be late tomorrow.

난 알아요

　난 알아요. 로마가 하루에 이루어진 것이 아니라는 것을. 나는 또 알아요. 봄이 오면 얼었던 눈이 녹는다는 것도. 석가 탄신일은 음력 4월 8일이고 크리스마스가 성탄절이라는 것도 난 알아요. 이게 무슨 뚱딴지같은 소리야. 이런 것들은 누구나 다 아는 것이다. 그러고 보니 나도 아는 것이 제법 많은 사람 같다. 하지만 아는 것보다 모르는 것이 더 많은 게 사실이다. 그래서 망구望九의 나이에도 더 알려는 욕심을 부렸다.
　소크라테스는 여러 분야에 많은 것을 알고 있는 옛 그리스의 철학자이다. 그 철학자의 말에 '내가 아는 것은 내가 아무 것도 모른다는 것이다.'라고 했다. 철학적 사상을 많이 깨우친 그이도 자신이 알고 있는 것이 별로 없다고 말했다.
　오늘날 우리 주변에는 아는 척하는 사람이 많은 것 같다.

모르면서도 아는 척 큰소리치는 사람이 있는가 하면 알고도 모르는 체하는 지나친 겸손을 보이는 사람도 있다.

광범위한 학문 분야에서뿐만 아니라 일상생활의 지혜에 이르기까지 개인적인 차이가 있다. 여기엔 나이가 많고 적음의 문제가 아니다. 학벌의 문제도 아니다. 많은 사람이 알고 있는 상식이 내가 모르는 것이 많다. 반대로 내가 아는 내용을 상대방이 모를 수도 있다. 그러기에 우리는 교류가 필요한 것이다. 평생 배워도 다 배우지 못한다.

생활에 여유가 생기면서 평생학습 프로그램이 인기를 얻고 있다. 건강관리를 비롯하여 다양한 취미생활이 돋보인다. 나처럼 과거에 생소했던 분야에 뛰어든 사람도 있다. 다른 분야에 전공했던 내가 문학에 발을 들인 것이다. 이와 유사한 경우로 젊은 시절 소홀했던 영어나 기타 외국어를 공부하는 사람도 있다.

평생학습 프로그램은 새로운 인연을 맺어주기도 한다. 수필 글쓰기 강의를 함께 수강하고 절영수필 동아리 모임에서 매주 각자의 작품을 낭독하며 우정을 키우곤 했다.

사람은 시간이 지나간 뒤에야 깨닫게 되는 일이 허다하다. 한 분야에 전문가가 되려면 한 우물을 파야 한다는 것을 난 이제야 깨달았다. 지난날 '~했더라면' 하는 가정은 이제 아무 소용이 없다. 지나가 버린 시간이다. 돌이킬 수 없는 일이지만 후회는 전혀 없지 않다. 이것도 하고 저것도 하고 한 몸에 두 지게를 질 수 없지 않은가. 교직에 종사했더라면 교장까지 되었을까? 군에서 장교가 되어 계속 복무했다면 장군이 되었을까? 다른 친구처럼 경찰로 갔다면 또 무엇이 되었을까? 모두 부질없는 상상에 불과하다.

한 분야에서 성공한 전문가는 못 되었지만, 군에서, 대기업에서, 중소기업에서, 사회봉사 단체에서 다양한 경험을 할 수 있었으니 그것도 소득이라 여기며 자신을 위로하고 있다.

절영수필 동아리 회장님이 글제를 '난 알아요'로 정해주었다. '난 알아요'라는 제목은 서태지 작사·작곡의 대중가요 곡명이다. 1992년에 발표된 서태지와 아이들의 앨범에 수록되어 있다. 서태지와 아이들의 데뷔곡이기도 하다. '난 알아요'라는 글제를 준 것은 이 음악에 대한 감상이나 생각에 관하여 글을 쓰라는 것은 아닐 것이다.

'난 알아요'라는 제목으로 글을 쓰려니 지나간 사연들이 떠오른다. 모두 당시엔 몰랐다가 뒤에서야 알게 된 것들이다. 그리고 또 알면서 행하지 못하는 것도 많다. 난 알아요. 좋은 문장의 글을 쓰려면 미리 써보고 읽어보고 다듬어서 고쳐 써야 한다는 것을. 그걸 알면서도 퇴고를 게을리해서 좋은 수필을 내놓지 못하고 있다.

나는 알아요. 나 자신이 게으름뱅이란 것을. 무슨 일이든지 미리 챙겨서 하지 않고 시간이 닥쳐서야 서둘러 처리하는 경향이 있다.

군에 복무할 때나 기업체에 근무할 때 복잡하고 많은 업무가 밀어닥치고 시간에 쫓기다 보니 급하게 처리하곤 했었다. 모든 일을 제한 시간에 급히 처리하는 것이 일상의 습관처럼 되어버린 데 있는 듯하다. 워낙 바쁘게 살아온 습관 때문임을 알지만 고치지 못하고 있다. 난 알아요. 이 습관은 고쳐야 한다는 것도.

내 아내와 아들딸들이 내가 그들을 사랑하고 성실하게 살아왔다고 믿고 있음을 나는 안다. 또한 아들딸들은 연로한 부모의 건강 문제를 늘 염려하고 있다는 것도 알고 있다.

떨어져 사는 아들딸이 자주 걸어오는 안부 전화에 늘 편히 지낸다고 대답한다. 여기저기 아프고 병원에 다녀와도 아이들에게 걱정을 주지 않으려고 하는 마음이다.

난 알아요. 로마가 하루에 이루어진 것이 아닌 것처럼 꾸준히 노력해야 좋은 문장의 글을 쓸 수 있다는 것을.

(2018년 3월 16일 아침에)

시간은 공평한가

시간은 누구에게나 공평하다고 한다. 부자나 가난한 사람이나, 건강한 사람이나 병자에게나, 너나 할 것 없이 우리에게 주어진 하루는 24시간이다. 누구에게나 공평하게 주어진 시간이다. 정말 그럴까?

시간은 모든 사람에게 동일하게 주어졌지만, 그 시간을 '어떻게 쓰느냐'에 따라 실질적인 활동 시간은 차이가 있다. 하루 6시간 자는 사람과 8시간 자는 사람이 50년간 일할 수 있는 시간은 큰 차이가 있다.

그러나 시간은 단순히 '가용한 양'만으로 측정되지 않는다. 어떤 사람은 1시간을 아무 일도 하지 않고 보내고, 어떤 사람은 그 시간 동안 무슨 일이든지 하였다면 효과는 달라진다. 잠시도 머물지 않고 흐르는 시간을 가진 사람에 따라 절대량이 차이가 크다.

　시간의 가치는 얼마나 많이 가졌느냐가 아니라, 얼마나 사용했는가에 달려있다. 그렇다고 가용한 시간을 많이 갖기 위하여 수면시간을 줄이면 건강을 해칠 수도 있다. 결과적으로 일할 수 있는 시간을 빼앗겨 오히려 가용한 시간이 줄어드는 결과를 초래할 수도 있다.

　나에게 주어진 시간이나 남에게 주어진 시간이나 시간의 길이도 똑같다. 한 시간은 60분, 1분은 60초이다. 시간의 속도나 길이는 일정한 것이다. 주어진 365일이 지나면 우리는 나이를 하나씩 더하게 된다. 어린이도 젊은이도 늙은이도 해마다 한 살씩 보태어진다. 어린이 나이는 보태고 늙은이 나이는 뺄 수 있다면 얼마나 좋을까. 참으로 황당한 망상이다. 보태기만 하는 나이 그렇게 흘러서 어느새 내 나이가 90 고개를 넘었다.

　우리에게 주어진 시간은 일정한데 어떤 사람은 시간이 너무 빨리 간다고 말하고, 어떤 사람은 시간이 더디게 온다고 말한다. 우리가 마음으로 느끼는 시간은 때와 장소, 상황에 따라 다르다. 기다리는 시간은 지루하고 느리게 온다. 반대로 빠르게 다가오기도 한다.

　월급날은 왜 그리 더디게 오고, 사글세를 내는 날은 너무 빨리 오고, 대출 이자와 공과금 납부일은 왜 그리 빨리 오는

지 모르겠다.

　우리가 태어나서 죽을 때까지 가질 수 있는 시간은 누가 주는 것일까? 조물주? 알 수 없는 어느 신이? 주체는 모르나 우리에게 주는 시간의 절대량은 극히 불공정하다. 누구에게는 많이 주어 오래 살게 하고 누구에게는 조금 주어 일찍 죽게 한다. 유년이나 노인이나 다를 바 없이 모두 소중한 시간이다.

　당나라 시인 두보가 말한 '인생칠십고래희人生七十古來稀'라 하는 말은 현세에는 맞지 않다. 예전 같으면 칠십도 결코 짧지 아니한 세월인데 우리는 100세 시대에 살고 있다. 그러나 각 개인에게 주어진 절대량의 시간은 극히 불공정하다. 원인과 이유는 있겠지만 어떤 사람은 어린 시절에, 어떤 사람은 젊은 시절에 생을 마감하고, 어떤 사람은 인생의 희로애락을 겪으면서 한 세기를 넘게 살고 있다. 그러기에 우리가 가질 수 있는 시간은 불공평하게 주어지고 있다. 이제 망백의 나이이고 보니 지난 세월이 어떻게 빨리 지나갔는지 꿈만 같다. 태어나서 오늘에 이르기까지 내게 주어진 시간의 삶을 되새겨 본다.

　일제 강점기에 초등학교에서 일본어로 공부했다. 창씨개명創氏改名으로 일본식 이름을 부르다가 해방이 되었다. 학우들끼리 한국 이름을 물어가며 대화하는 진풍경이 있었다. 6·25

전쟁 때 친구들의 전사 소식을 들으면서 유가서儒家書에 나오는 인명재천人命在天을 느끼기도 했다. 군 복무를 하던 중 1960년도에 처음 도미 유학에 선발되는 행운을 얻었다. 그러나 미약한 영어로 고생을 많이 했다. 귀국 후 사범대학 영어과를 졸업했다. 교사가 될 것인가 군인으로 다시 유학 갈 것인가 한참 고심했다. 처음 도미 유학에서 미약한 영어로 제대로 지내지 못한 것이 너무 아쉬워 유학하기로 결심했다. 유도탄부대의 창설 요원으로 도미하여 레이다 정비 기술자가 되었고 기술 준사관으로 임관 후 다시 도미하여 실력을 발휘했다. 방공사령부 검열부의 호크 팀장으로 유도탄 사격 훈련을 직접 지휘했다. 방공시스템 자동화 사업의 SAM 연구원으로 참여했다. 전역하고 금성정밀 회사에 입사하여 중견간부까지 되었다. 퇴임 후 중소기업에서도 일했다. 군무와 회사 일에 열중하다 보니 가사에는 우선순위 뒤로 밀렸다. 그렇게 열심히 살아왔다. 그 많은 세월이 꿈처럼 지나갔다. 나에게 이처럼 많은 경험을 가지며 살아오도록 많은 시간을 주신 신(?)에게 감사할 뿐이다. 지금은 노령으로 여기저기 아픈 것도 행복한 아픔으로 여긴다. 아프기 전에 내게 주어진 시간이 끝났다면 이런 아픔은 없었을 것이 아닌가.

지나온 세월 나의 삶에서 올바른 방향을 선택했는가. 이리 갈까 저리 갈까 망설이며 고민도 했고, 내가 택하지 않고 버린 길에 아쉬움을 갖기도 했다. 그쪽으로 갔더라면 어디까지 갈 수 있었을까. 상상도 해 보지만 내가 택한 길에서 열심히 살아왔으니 다른 미련은 버려야 한다. 나에게 주어진 시간을 좀 더 효과적으로 이용했으면 더 많은 일을 할 수도 있었는데 이제야 시간의 중요성을 깨닫게 되었다.

 살아오면서 세 번의 수술을 받고 어려운 고비를 넘겼다. 지금 나의 삶은 의학의 발달로 평균 수명을 넘어서 덤으로 살고 있다. 나에게 주어진 시간이 언제 끝날지 모르면서 오늘도 정상적인 생활을 할 수 있음에 감사하고 있다.

 숫자에 관심이 많은 나는 왜 하루를 하필이면 24시간으로 하였을까? 허황한 생각도 하여본다. 십진법에 따라 하루를 10시간이나 20시간으로 했으면 어떠한가? 한 시간을 10분이나 20분으로 하고, 1분을 10초나 20초로 하였다면 어떠했을까? 그렇게 하였다면 분초의 길이가 달라져야 한다. 허황하고 쓸모가 없는 망상을 하고 분초의 길이를 상상해 본 적이 있다.

 시간은 빌려 쓸 수도 빌려줄 수도 없고, 살 수도 팔 수도 없다. 누구에게나 똑같이 하루 24시간이 공평하게 주어졌다. 주어진 시간을 얼마나 효율적으로 이용하느냐에 따라 인생의 성패가 달려있다. 각 개인의 일생에 주어진 시간의 절대량은 불공평하다. 누구를 원망하겠는가. 인명은 재천인가? 사람의 명은 과연 하늘에 있는가? 흔히 죽은 사람을 가리켜 하늘나라에 갔다고 말한다. 오늘은 건강해도 내일 돌연사할 수도 있다. 아침에 무사히 일어날 수 있음에 감사하고 또 하루를 맞이할 수 있음에 감사한 마음으로 살아야 한다.

불공평하게 주어진 절대량의 시간이지만 조금이라도 더 오래 살고 싶은 게 인간의 욕망이다. 어느새 황혼이 시들어 가는 세월에 애착이 가고 안타까울 뿐이다. 오늘이 오기까지 내게 많은 시간을 주신 신에게 감사한다.

스마트 폰의 공해

　시작이 있으면 끝이 있다. 그런데 시작은 분명 존재하지만, 끝은 언제인가 분명하지 않다. 호랑이 담배 피우던 시절이 있었다고 한다. 구전으로 동화에 등장할 뿐 시작도 끝도 없이 사라졌다.
　인류 역사는 시간이 흐르며 끊임없이 변화해 왔다. 원시시대와 현세는 상상을 초월하리만큼 달라졌다. 과학이 우리의 생활을 점점 편리하게 만들어간다.
　60년대 초만 하여도 부산의 영도에는 한 동네에 전화가 있는 집이 몇 안 되었다. 당시 나는 군에 복무 중이었다. 우리 집에는 특별히 대간첩 작전 망이라는 구실로 전화를 놓을 수가 있었다. 이것으로 인하여 내 아내가 무척 고생을 많이 하였다.

이웃 사람이 시내 도심지에 갔다가 버스가 끊겨서 돌아오지 못하면 소식을 전해달라고 전화가 온다. 어떤 경우에는 아무개를 바꿔 달라고 요청한다. 모두 거절하지 못하고 심부름꾼이 되었다. 우리 집 전화는 밤낮없이 동네 공용전화 역할을 했다. 그러던 시대가 이제는 개인마다 휴대전화를 소지하고 있는 시대가 되었다.

스마트폰이 통용되면서 우리의 일상은 참으로 편리해졌다. 컴퓨터에서 검색하던 자료를 스마트폰에서 가능한 시대가 되었다. 영어단어를 찾을 수 있고 목적지 길 찾기도 쉬워졌다. 영화도 보고 게임도 즐긴다. 카메라 기능까지 있어서 자료 복사도 쉬워졌다. 지하철을 타고 가다 보면 승객 중에 스마트폰을 보고 있지 않은 사람이 몇 안 된다. 자료 검색이나 통화 이외에도 동영상으로 드라마를 보는 사람, 게임을 하는 사람 등 참 다양한 취미를 향유하고 있다.

나도 많은 사람과 카톡으로 소통하고 있다. 그중에 몇몇 지인한테서 오는 카톡 자료는 가히 홍수를 방불케 한다. 아침 조금 늦게 일어나 보면 벌써 10여 건이나 나를 기다리고 있다. 아침 인사를 비롯하여 관광지 소개, 신기한 동영상과 영화, 그리고 화제의 뉴스, 좋은 글이 대부분이지만, 계절과 맞지 않은 경관도 있다. 보내주는 사람은 정성껏 보냈겠지만, 이것들을 다 보려면 종일 보아도 다 볼 수가 없다. 일부

저장해 놓기도 하지만 일일이 답신을 보내지 못하고 있다. 마음먹고 보내주는 친구의 자료를 미안하지만 대부분 삭제해 버린다. 내용을 대강 보고 삭제하는 데도 시간이 걸린다. 카톡으로 받은 정보를 내 PC에 저장하려고 열어보면 수개월 전, 수년 전에 받은 자료가 같은 친구로부터 다시 보내온 내용도 있다. 심지어는 10년 전에 가지고 있는 내용이 새로운 자료처럼 보내오는 경우도 더러 있다. 편리한 기능을 가진 스마트폰이 나의 귀중한 시간을 빼앗고 있으니 장애물이고 업무방해의 주범이다. 편리한 기기의 공해인가?

내 친구 중 한 사람은 카톡이 귀찮다고 카톡 기능을 삭제해 버렸다고 했다. 우리에게 많은 편의를 제공해 주는 스마트폰이 무척 고마운 기기임에는 틀림이 없다. 카톡을 통하여 오랜 친구들 간의 우정을 지속할 수 있으니 소중하고 고맙다. 그러나 여러 사람으로부터 너무나 많은 자료를 받게 되니 버겁기도 하다. 카톡으로 자료를 보내주는 친구도 할 일이 없어서 보내는 게 아니다. 문안을 주고받는 친구의 성의와 배려에 감사한 마음이다. 그런 친구들이 있기에 나는 행복한 사람이다.

세월이 흐르면서 절친했던 친구들이 하나씩 유명을 달리하고 있어 슬프다. 얼마 전에는 아주 친했던 친구 한 명이 또 우리 곁을 떠났다. 이젠 주변에서 같이 놀 수 있는 친구가 슬

슬 줄어들고 있다. 몇 년 전엔 내 친동생도 떠났다. 평소에 나보다도 더 건강해 보이던 동생이 갑자기 떠나리라고는 생각지도 못했다. 팔팔한 나이에 이젠 살 만큼 살았으니 아무 욕심도 없다.

매일같이 카톡을 보내오는 친구가 언제까지 내 옆에 있을 수 있을까? 나 또한, 언제까지 그들의 곁에 머물 수 있을지 모른다. 아직 끈끈한 우정을 나누는 친구가 있다는 것이 새삼 위안이 된다.

나는 지금 청각장애가 심하여 전화가 와도 벨 소리를 못 듣고 통화할 때면 대화 내용을 잘못 듣고 동문서답하는 경우도 빈번하다. 그리고 단시간 외출할 적에도 전화기를 집에 놓고 나간다. 나중에 폰을 열어보고 지인으로부터 부재중 전화가 있으면 내가 전화를 건다. 모르는 전화는 무시해 버린다. 불필요한 광고성 전화가 많다. 지인들에게 중요한 내용은 문자로 보내주기를 바라고 있다.

컴퓨터를 잘 모르면 컴맹이라 하지요? 스마트폰의 기능을 활용하지 못하면 폰맹이라 하나요? 전화번호를 저장하고 중요한 자료를 저장하고 길 찾기를 편리하게 이용하고 스마트폰 기능의 일부분만이라도 이용할 줄 알고 있으니 다행이라 여긴다. 불필요한 카톡이 범람하여 공해로 여기면서도 개발자에게 감사한 마음이다.

가는 날이 장날이다

'가는 날이 장날이다.' 아주 오래전부터 우리가 일상생활에서 자주 쓰는 속담이다.

이 속담의 어원은 조선시대의 장날에서 비롯되었다는 것이 정설로 전해진다. 장날은 특정한 날에 시장이 열리는 날로, 농민들이 자기가 기른 농산물을 팔고, 필요한 물건을 사기 위해 모이는 날이었다. 옛날에는 시골 마을마다 정해진 날에 5일마다 열리는 '장날'이 있었다. '5일 장'이라 불렸다.

이 속담은 결국 원치 않게 일이 꼬일 때, 혹은 뜻밖의 예상치 못한 일이 발생했다는 의미로 발전하게 되었다.

예를 들어, 어떤 사람이 오랜만에 친구를 만나러 친구 집에 갔는데 하필이면 그날이 이웃 마을 장날이라 친구가 물건을 장에 팔려고 나가고 없었다.

공교롭게 뜻하지 않은 일을 당하여 헛걸음하게 된 이 경우의 장날은 장이 선다는 장날이다. 생각지도 않은 일이 겹쳐서 낭패를 보는 경우를 비유적으로 쓰는 속담이다.

몇 가지 예문을 살펴본다.

'가는 날이 장날이라고 소풍 가는 데 비가 왔다.' 갑자기 비가 와서 소풍을 취소할 수밖에 없었다. 뜻하지 않은 일이 겹쳐 곤란을 당한 경우다.

'친구네 결혼식에 가려고 나섰는데 시위 때문에 교통체증으로 시간이 지체되었다.' 가는 날이 장날이라고 하필이면 그날 대규모 시위를 벌였는지.

시속時俗에서 공교롭게 된 일을 '가던 날이 장날이다.'라고 표현하였는데 '장날'은 '장삿날'이 와전된 것이라는 설도 있다. 멀리 떨어져 사는 친구가 오랫동안 소식이 없어 친구를 찾아가 보니 그 친구는 며칠 전에 죽어서 마침 그날이 장사葬事를 지내는 날이었다. 이 예를 보면 장날은 시장市場이 서는 날이 아닌 장삿葬事날을 의미한다.

한 15년 전에 있었던 일이다. 서울에 사는 친구가 병원에 입원하여 사경을 헤맨다는 소식이 왔다. 유도탄 부대 창설 요원으로 미국에서 같이 교육받던 절친한 친구다. 부산의 몇몇 친구들과 같이 바로 서울로 가서 문병하고 내려왔는데 바로 그날 운명하였다는 소식이 왔다. 이튿날 다시 서울로 올라가 장례식에 참가하고 왔다. 위독하다는 소식을 듣고 하루 이틀 미루다가 갔더라면 가는 날이 장날(장례를 치르는 날)이 될 뻔했다. 이러고 보니 장날은 시장市場이 서는 날인지 혹은 장삿葬事날을 의미하는지 헷갈린다.

친구에게 선물 주려고 찾아갔는데, 마침 그 친구가 여행을 가고 없었다. 이럴 때도 '가는 날이 장날이다.' 한다.

장이 서는 장날은 좋은 날인데 왜 부정적인 의미로 쓰이는지 모르겠다. 원래 속담 속 장날은 시끄럽고 북적이는 날이라 조용히 일 보려던 사람에게는 예상치 못한 방해 요소였다. 그래서 부정적인 뉘앙스를 담고 있다고 전해지고 있다. 부정적이라기보다는 아쉽다는 의미로 쓰이고 있다. 부정적인 상황만이 아니다.

예상치 못한 특별한 상황을 맞닥뜨렸을 때 비유적으로 사용하는 속담이다. 그런데 그 상황이 기대했던 행운일 수도 있고 예상 밖의 어려움일 수도 있다.

예상치 못한 행운이나 좋은 기회를 설명하는 상황에서도 가는 날이 장날이라 말하기도 한다. 장날이 긍정적으로 쓰이는 경우이다. 뭘 사려고 시장에 갔는데 마침 장날이어서 필요한 물건도 사고, 친구를 만날 수 있으니 금상첨화錦上添花에 꿩 먹고 알 먹고다. 도랑 치고 가재 잡는 일석이조一石二鳥라 하겠다.

예상치 못한 어려움에 안 좋은 일이 겹친다는 불운을 비유적으로 나타낼 때도 가는 날이 장날이다. 한문 성어로 설상가상雪上加霜이다.

입사지원서를 제출하러 갔는데 하필 그날 회사가 휴무일이다. 이 경우에도 '가는 날이 장날이네.'라고 말할 수 있다.

'가는 날이 장날이다.'라는 속담은 주로 두 가지 의미로 해석된다.

첫째, 어떤 일을 하려는 날에 우연히 그 일이 잘 맞아떨어지는 경우를 뜻한다. 예를 들어 친구와 약속을 잡았는데 그날에 특별한 이벤트가 열리거나, 가고자 했던 장소에서 뜻밖의 좋은 일이 생긴 경우에 사용할 수 있다.

둘째, 반대로 어떤 일을 하려는 날에 예상치 못한 불운이나 불편한 상황이 발생한 때에도 사용된다. 예를 들어 중요한 회의가 있는 날에 교통사고로 인해 지각하게 되는 상황을 설명할 때 이 속담을 사용한다. 이런 경우, 부정적인 의미로 해석된다.

특히 예기치 못한 상황이 자주 발생하는 현대인의 삶에서 이 속담은 사람들에게 공감과 위로의 메시지를 전달한다. 예를 들어 여행을 계획했는데 날씨가 좋지 않거나, 중요한 시험을 앞두고 갑작스러운 일이 생기는 경우이다. 또한, 이 속담은 우연의 일치를 강조하는 데에도 사용된다.

사람들은 종종 운이 좋다거나 운이 나쁘다고 느끼는 순간들이 있다. 친구 집에 가려고 했는데 하필 그날이 친구가 이사 가는 날이다. 백화점에 물건을 사러 갔는데 마침 그날이 세일 하는 날이다. 주말에 쉬려고 했는데 회사에서 갑자기 긴급회의가 소집되었다. 섬에 가려고 여객터미널에 들어서니 기상 악화로 여객선이 결항이란다.
  '가는 날이 장날이다.'라는 속담은 긍정이든 부정이든 다양하게 사용되고 있다.

마무리

 갑진년이 며칠 남지 않았다. 한 해를 마무리하고 새해를 맞이할 준비에 바쁜 연말이다. 마무리한다는 말이 어쩌면 삶 자체를 끝마무리한다는 느낌이 들어 슬프게 느껴진다. '마무리'라는 단어가 일의 끝맺음을 뜻하기 때문이다. 끝냈다는 것은 그 일의 진행에 종지부를 찍었다는 말이다. 그러나 우리는 이 말을 긍정적으로 해석하자. 우리가 살아가는 과정에서 해야 할 일이 참으로 많다. 한 가지 일을 끝내고 또 다른 일을 시작할 수 있는 희망이 있다는 말이다. 새로운 일을 성공적으로 완성하기 위한 계획과 준비가 필요한 시기이다. 연초에 하려던 일을 미처 이루지 못한 후회가 다시 일어나지 않도록 하는 철저한 준비가 필요한 연말이다.

 새로운 계획에 앞서 지나간 일들을 뒤돌아본다. 한 해가 이렇게 빨리 저무는 게 아쉽다. 나이를 먹는 게 슬퍼져서가 아니다. 이제 내가 죽는다 해도 90년 넘게 살았으니 누구도 일찍 갔다고 하지 않을 것이다. 언젠가는 떠나야 할 인생이기에 그날이 오는 것에 두려움은 없다. 다만 저물어가는 해를 바라보며 이 해의 첫날에 쓴 일기장의 내용이 부끄럽기 때문이다. 연초의 계획을 이루지 못한 것이 많아서다.

한 번뿐인 인생의 소중한 일 년을 나는 보람 있게 보냈는가, 되짚어본다. 값있게 보낸 시간보다 허비한 날들이 많음을 느낀다. 이것이 슬프고 후회스러운 것이다.

서구 문화원에서 시 창작 교육을 다시 받고 싶었다. 풀잎시 낭송에서 낭송의 기법을 터득하고 싶었다. 한 달에 최소 한두 권의 책은 읽으려 했다. 글쓰기를 부지런히 하겠다고 했다. 하지만 그 어느 것 하나도 내가 바라던 만큼의 효과를 거두지 못했다.

이것도 하고 싶고, 저것도 하고 싶고, 또 다른 것도 해야 하고, 너무도 욕심이 과한 탓이다. 젊었을 때보다 모든 면에서 능력이 떨어진 것이 사실이겠지만 노력의 부족도 원인일 것이다. 할 수 있을 만큼의 계획을 세우지 못하는 것도 나의 결점인가 한다.

하고 싶은 일과 해야 할 일이 너무도 많다. 모두 지나친 욕심인지 모른다. 군 복무 시나 기업체에서 근무할 때도 무리

한 계획으로 밤새는 일이 많았다. 어렵고 많은 일을 잘 처리한다는 칭찬을 듣는 것에 자부심과 용기도 있었다.

대기업에서 품질관리 부서를 책임 맡고 있을 때이다. 사장님과 중역이 참석하는 경영평가 회의가 있었다. 연초에 작성된 사업계획에 실행 결과를 부서별로 발표하는 회의이다. 생산, 자재, 공무, 영업, 기획, 연구소 등 모든 부서가 80% 이상의 성과를 발표했다. 반면 나는 품질관리, 검사, 사후관리, 자체 교육 분야에서 60%도 달성하지 못한 결과를 발표하였다. 크게 문책을 받게 되리라 여겼다. 그러나 계획이 너무 방대하고 욕심을 부렸다고 지적받았지만, 이루어 낸 성과에 대해서는 크게 칭찬해 주었다. 오랜 세월이 흘러도 잊지 못하고 있다. 그 버릇을 지금도 버리지 못하고 너무 많은 것을 하려는 경향이 있다.

이제 해가 넘어가는 문턱에 다다랐다. 마무리한다는 것은 과정을 정리하고 반성의 기회를 갖는 것이기도 하다. 용두사미라는 용어가 새삼 부끄럽게 나의 심장을 때린다. 중국어 회화를 배우고 늘어나는 관광객의 길 안내라도 하려고 했다. 기억력이 녹슬어 시작만 하고 중도에 포기하고 말았다. 인도네시아 말을 배우려고 책과 녹음테이프를 사서 공부하다가 또 포기했다. 스페인 말에 호기심이 생겨 그것도 중도 포기했다. 용두사미다. 시작만 하고 마무리 못 했으니 이보다 바보스러운 일이 어디 있겠는가….

　지금 쓰고 있는 수필이라도 제대로 써보려고 하지만 글을 써 나갈수록 재능이 없음을 스스로 느낀다. 책을 읽는 것도 열성이 부족함을 깨닫게 된다. 그러나 좌절하고 떨어져 나갈 생각은 없다.

　며칠 남지 않은 갑진년, 마무리하기에 바빠졌다. 시작도 중요하지만, 마무리를 잘해야 새로운 출발이 순조로운 것이다. 카톡에 날아오는 인사마다 12월을 잘 마무리하시고 희망찬 을사년을 맞이하란다. 이러저러한 모임마다 망년회 계획이 온다. 안으로 밖으로 마음도 바쁘다. 망년회는 지나간 고통과 어려웠던 관계, 섭섭했던 감정까지 모두 잊고 새출발을 다짐하는 모임인데 으레 술이 등장한다.

　어제 친구 모임에서 건배사 이야기가 나왔다. 약어가 유행이란다. '통통통!' '의사소통! 운수 대통! 만사형통!', '마무리'는 '마음먹은 대로 무슨 일이든 이루자!'란 뜻의 건배사라고 한다. 어쩌면 오늘 이 글을 쓰는 제목이기도 하다.

　이제 2024년을 며칠 남겨두고 있다. 한 해를 마무리하면서 망년忘年의 뜻이 담긴 모든 것을 내려놓으려 한다. 후회 없이 인생을 잘 마무리하고 싶다.

　한 해 동안 나를 사랑과 우정으로 대해주신 친구들, 선후배 벗님들께 감사한 마음이다.

부디 금년을 아름답게 마무리하시고 새해에도 모두 건강하시고 소망하시는 일들이 이루어지시길 바랍니다.

친구가 그립구나!

전화벨이 울린다. 저장되지 않은 모르는 전화번호다. 받을까 말까 하다가 받았다.
"여보세요? 누구시죠?"
"나 서숙하입니다. 친구들 소식이 궁금해서 전화했어요."
"야~ 정말 반갑습니다. 이거 몇 년 만이지요?"
오래간만에 받은 전화의 음성은 참으로 반가웠다. 대구에 사는 옛 전우이며 한때 금성정밀 회사에서 같이 근무한 적도 있다. 호크 미사일부대 창설 요원이기도 하다. 생사고락을 같이했던 전우들 소식을 주고받으며 한참이나 통화했다. 5년 전의 추억이다.
대구에 사는 친구들의 안부가 궁금해 물었다. 전우이며 회사 동료이던 '이영우'가 오 년 전에 먼저 돌아갔다고 전한다.

휠체어에 의지하고 생활한다는 소식은 들었다. 그러나 막상 돌아갔다는 소식을 들으니 한없는 슬픔이 일었다.

함께 직장생활을 하며 정답게 지냈던 친구다. 금성정밀에서 검사과장을 내게 물려주고 자재과로 갔었는데…. 퇴근하고 왜식 집에도 자주 갔었는데….

십여 년 전에 나를 찾아와서 태종대를 한 바퀴 돌았다. 등대가 굽어보는 바닷가에서 소주잔을 부딪치며 노래하던 친구다. 같은 동갑내기며 고향도 같아서 더욱 친밀한 사이였다. 회자정리, 생자필멸이라 하였다. 그러니 언젠가는 헤어지게 마련이지만 그 친구를 다시 볼 수 없겠다고 생각하니 이원익의 시조 한 수가 떠올랐다.

녹양綠楊이 천만산(千萬 絲)들/ 가는 춘풍 매어두며/
탐화봉접인들/ 지는 꽃을 어이 하리/
아무리 사랑이 중한들/ 가는 임을 어이하리 −李元翼

일찍 가버린 친구를 생각하며 마음으로 명복을 빌었다. 늘 함께할 수 있을 것만 같았던 친구다. 실수와 실패도 서로 감싸주며 격려하던 친구였다. 유수처럼 흘러간 세월 속에 안부조차 등한시한 채 무심했던 나 자신이 원망스럽다.

세월에 등 떠밀려 젊음이 가버리고 88년째 살아오고 있으니 나는 행운인가 보다….

조용히 옛친구들을 헤아려 본다. 그 많던 친구들 대부분이 먼저 가버리고 만나는 친구들은 몇 안 된다. 돌아보면 어느덧 세월은 흘러 먼저 간 친구들과 지내던 추억들이 주마등처럼 이어진다.

서울에 사는 친구가 입원하여 사경을 헤맨다는 소식을 듣고 부산의 몇몇 친구들이 문병을 갔었다. 다음 날 아침에 부고가 전해왔다. 다시 상경하여 문상하고 명복을 빌던 일이 십 년도 넘었다. 그때 우리에게 소식을 전해준 친구마저 떠난 지도 오 년이 넘었다. 어느새 황혼의 짙어진 연륜이고 보니 친구의 부고를 받는 횟수가 늘어난다. 이별이 이렇게 쉽게 오리라고는 전혀 생각지 못했다. 아무개가 어느 날 떠났다는 소식을 들으면 그저 그런가 보다 하며 감정이 말라버린 상태다.

유도탄 부대 창설 요원으로 고락을 같이했던 전우들의 모임이 있었다. 20여 명이 분기마다 회합을 열었었다. 그러던 친구들이 이제는 몇 명 남지 않아서 그 모임마저 해산하고 말았다.

한때 이런저런 구실로 동호인 모임, 봉사단체 모임, 친목회 모임 등으로 모임이 너무 많아서 바쁘게 지냈다. 이제는 대부분 정리되고 한두 모임만 남겨두고 있다. 정기 모임은 정리되었지만, 아직도 종종 만나서 지나간 얘기 하며 지내는 친구들이 있으니 마냥 즐겁기만 하다.

만나는 친구마다 대화 내용은 달라진다. 현재의 사회 상황보다 과거의 추억이나 경험담이 더욱 흥미롭고 애착이 간다. 회사에서 퇴임한 동료를 만나면 회사에서 지내던 경험담이 주가 되고, 군에서 생활했던 선후배를 만나면 군대 생활의 어려웠던 추억을 끌어낸다. 학창 시절의 동문이 모이면 학교에서 재미있었던 일들이 터져 나온다.

친구 사이에 벌어지는 일들도 다양하다. 삼강오륜에 붕우유신이 있다. 친구 사이엔 믿음이 있어야 한다. 젊은 시절 내 친구 중에도 신의를 잃어버린 가엾은 친구가 있다. 많지 않은 돈이지만 빌린 돈을 갚지 않고 먼저 세상을 버린 친구가 있다. 한 친구는 돈을 빌리고 나서 차일피일 미루다가 어디론가 이사를 가버려 소식이 없다. 다 지나간 일이니 지금 만나면 옛정을 생각해서 모두 용서하고 싶다.

무엇보다 잊을 수 없는 것은 군대에서 생활했던 추억이다. 혹한기 훈련에서 살얼음이 언 저수지에 들어가 몸을 담갔다가 나오면 감각이 마비되는 듯했다. 그래도 구보로 막사까지 뛰어오면 땀이 났었다. 판초 우의로 개인 천막을 치고 자고 나서 아침에 일어나 보면 천막의 입구까지 눈으로 덮여버린 일도 있었다. 6.25 전쟁이 휴전된 직후에 1군 직할 포병대대의 측지 반장으로 일했다. 험준한 강원도 산골을 오르내리면서 적 진지와 예상 목표지점에 대한 측지를 하여 화력계획을 작성했다.

　친구들의 이야기도 실감이 간다. 현재 청학동에 사는 한 친구는 6.25 당시 통신 가설 병으로 근무했다. 전투 중 전화선이 끊기면 인접 부대와 통신을 위하여 전화를 가설해야 했다. 전화기와 와이어 통을 매고 막 뛰어가는데 총알이 발 앞에 뚝뚝 떨어져도 몸에는 안 맞더라고 한다. 황해도에서 유격군 폭파조로 근무했던 친구도 죽을 고비를 여러 번 넘기고 지금 상이군인으로 대우받고 있다.

　6.25에서 유명을 달리한 친구도 있다. 당시 중학교 3학년 열여덟 나이로 해병4기로 지원해 간 동갑내기 친구는 인천상륙작전 후 전사자로 유골이 돌아왔다. 도저히 믿어지지 않은 현실이다. 학교의 응원단장으로 빅토리, 빅토리 하며 삼삼칠 박수로 응원을 선도하던 친구다.

　서울 현충원과 대전 현충원에는 친구들이 여럿 잠들어 있다. 지금 나는 참으로 행운을 누리고 있는 셈이다. 남포동 지하 카페에서 자주 만나는 친구가 허리도 아프고 무릎도 아프단다. 나는 그 친구에게 행복한 아픔이라고 말한다. 아프기 전에 죽어버렸다면 아프지 않았을 것 아닌가. 사실은 나도 마찬가지다.

기다리는 시간은 더디 오지만 흘러간 세월은 왜 그리 빠른지 모르겠다. 이제 몇몇 안 되는 친구들과 카톡으로 자료를 주고받으며 안부를 묻고 있다. 매일 아침 6~7건의 자료를 보내주는 이가 수원에 살고 있다. 유도탄 부대 창설 요원으로 도미했을 적에 한국팀 축구선수로 같이 뛰던 친구다. 전에 보냈던 내용이 중복된 것도 있으나 꾸준히 보내주는 성의에 감사한다.

매일 여러 친구가 보내는 카톡을 여는 것이 일과가 되었다. 너무 많이 들어오는 바람에 전부를 볼 수가 없다. 보내준 분의 성의는 감사하고 미안하지만 대부분 자세히 보지 않고 지워버린다. 그래도 좋은 글과 영상 아름다운 풍광이 기다려지고 더러는 복사하여 저장하고 있다.

서로 만나지 못해도 카톡으로 주고받는 보석 같은 친구가 있으니 살 만하다. 나의 안부를 물어오는 친구가 있다는 게 얼마나 행복한 일인가. 나 역시 친구들의 안부를 물으며 나날을 지내고 있으니 얼마나 다행한 일인지 모르겠다. 먼저 간 친구들 얼굴 하나하나가 추억 속에 그려진다.

(2020년 초겨울에)

나에게 가을은

 가을이 백로, 추분 고개를 넘어온다. 녹음방초 우거졌던 여름도 소리 없이 쫓겨 간다. 아스팔트를 녹이듯이 작열했던 여름이다. 옛사람들은 더위를 이겨내는 방법을 선택해야 했다. 대낮에는 그늘을 찾았다. 부채가 필요했고 선풍기가 등장했다. 에어컨이 인기를 얻었다. 이제 선선한 가을바람이 불면서 이 모든 것이 소용이 없게 된 것이다.
 계절이 바뀐다는 것은 어쩌면 설렘이고 희망이기도 하다. 그렇지만 나에겐 이 가을이 착잡한 감정을 일게 한다.
 만물이 소생하고 아름다운 꽃들이 사랑받던 봄도 여름 앞에 자리를 내주었다. 봄 역시 깊은 잠에 빠진 동장군을 몰아내지 않았는가. 대자연은 끊임없이 변하고 있다. 아무도 이 순리를 막을 수가 없다. 사계절은 순환하며 다시 찾아온다.

그러나 올봄은 지난해의 봄이 아니다. 이 가을 역시 지난해의 가을이 아니다. 시간이 흐르면서 주변의 모든 환경이 변한 것이다. 계절은 변화된 환경 속에 존재한다. 우리의 인생도 이처럼 변화하는 계절에 비유하여 생각해 본다. 우리가 살아온 나날도 이와 다르지 않다.

어느새 해가 서산마루에 걸쳐있다. 결실이 황금물결을 이루며 출렁거린다. 얼마나 아름다운 계절인가. 하지만 이제 곧 한로 상강이니 생기 넘치던 푸른 잎들이 물들기 시작하고 찬 바람에 떨어지고 앙상한 가지만 남을 것이다. 곱게 물든 단풍은 봄꽃보다 예쁘다. 감성이 많은 여학생이 아니더라도 주워가는 이가 있다. 나도 주워다가 책갈피에 오래 간직하기도 했었다. 풍요로운 결실의 계절, 가을은 분명히 환희에 넘친다. 가슴이 설레는 보람을 느끼는 계절이다. 하지만 흐르는 세월 앞에 다른 감정이 마음을 아프게 함을 숨길 수가 없다.

돌아보면 꿈만 같던 구십 성상이다. 다가올 동장군 앞에 서럽도록 떨어져 버릴 단풍이지만 아름답게 물들고 싶다. 봄꽃은 예쁘지만 떨어지면 볼품이 없다. 그냥 쓸어버린다. 곱게 물든 단풍은 떨어져도 아름답게 보인다.

나는 어떻게 살아왔는가. 잘 물든 단풍인가 아니면 보잘것없는 가랑잎인가. 이 가을을 맞으며 자신을 돌아보게 된다.

내 인생에도 곧 겨울이 다가오겠지.

　나의 봄은 스스로 향기를 발산하지 않아도 뭇사람들이 나를 사랑했다. 어느 화려한 꽃보다도 자신감이 넘쳤다. 비록 세찬 비바람의 고난에도 잘 견뎌냈다. 꽃씨가 스스로 돋아날 토양을 선택하지 못하듯이 나도 남이 심어준 토양에서 자랐다.

　울울창창한 여름날엔 거칠 것이 없어 보였다. 무슨 일이든지 할 수 있다고 자부한 시절이었다. 이것도 할 수 있고 저것도 할 수 있다고 생각했다. 욕심도 많았다. 이것도 하고 싶고 저것도 하고 싶었다. 그러나 한 몸에 두 지게를 질 수 없었다. 하나를 선택하고 한길로 매진했어야 했는데 이 길 저 길 걷다 보니 날이 저물었다.

　중학생인 나에게 선배의 조언은 문학에 소질이 있다고 그 길로 가라고 하였다. 수학에 열중하는 나에게 수학 선생님은 법학을 하라고 언질을 주었다. 나는 수학 선생이 되고 싶었다.

　군대에서 생활하던 중에 우연한 기회에 충격을 받았다. 이 사회의 실생활에 전문적인 수학은 별 도움이 되지 않는다는 걸 알게 되었다. 영어가 필요하다고 느꼈다. 중학생일 때는 영어 교과서를 전부 외웠었다. 하지만 고등학교에 가서는 영어 교과서조차 사지 않았다. 오직 수학에 취미가 있었다. 뒤늦게 영어가 필요함을 알고 군사 영어 과정에 입교하여 교육

받았다. 미국 유학의 기회가 주어졌다. 무인항공기 정비 과정 교육을 받으면서 연속 삼 주 동안 낙제 점수를 받았다. 야간에 보충수업까지 받아야 하는 수모를 감수해야 했다. 심적으로 충격을 많이 받은 셈이다. 귀국 후에도 전공을 바꾸는 데 고민이 컸다. 전자공학이냐 영어냐를 놓고 고민 끝에 영어로 방향을 바꾸었다. 사범대학 영어과를 졸업했다. 전자공학은 업무상 부전공인 셈이다. 이제 지난날을 되돌아본다. 인생에 선택의 기회는 몇 차례나 주어지게 된다는 걸 알았다. 기회를 제대로 포착하고 도전하면 성공의 길에 들어설 수 있다. 그길로 갔더라면 하는 후회는 이제 무용지물이다.

인생은 일방통행의 여행이다. 종착역이 어딘지도 모르나 얼마 남지 않았음을 안다. 하차하는 날까지 편안한 마음으로 여행하련다. 오늘에 이르면서 다른 사람으로부터 원성을 사게 한 기억은 없다. 직장생활에도 칭찬만 받으며 특진을 거듭한 생활이었다.

내가 환갑을 맞는 날에도 일요일이었다. 집에서 가족이 기다리는 것도 안다. 그러나 대구에 있는 회사에서 일에 몰두하던 정열이 기억에 남는다. 이제는 내 인생에 서리가 내리고 있다. 다만 나의 단풍이 뭇사람들의 눈에 아름답게 보이기를 바랄 뿐이다.

어느 날 「어느 95세 어르신의 수기」를 읽었다. 호서대

설립자이자 명예총장이었던 고 강석규 박사의 글이다. 그분은 65세에 은퇴하고 삼십 년이 지난 뒤에 95세 생일 때에 후회의 눈물을 흘렸다는 내용이다. 95세의 나이에서 30년은 인생의 삼분의 일의 시간이다.

이 글에 공감하면서 이것저것 배우고 있다. 주변에서 주책없는 노인으로 보일지 모른다. '수필 자서전 쓰기' 강좌를 몇 년째 수강하였다. 전에 썼던 글들이 얼마나 엉터리인가를 새삼 느끼고 있다. 눈에 보이는 것마다 모두가 글제가 된다. 하지만 좋은 글이 되지 못하여 안타깝다. 갈고 다듬으려고 애써보지만 언제 좋은 글을 쓰게 될지 모르겠다. 박 선생님의 강의 중에 유명한 작가의 말씀을 전한다. '나의 대표작은 오늘 밤에 쓸 것이다.'라고 하신 것은 아직도 더 좋은 글을 쓸 여지가 있다는 말이다.

내 인생에는 젊음이 가고 가을 겨울이 오리라고는 예전엔 미처 몰랐다. 해가 서산 넘어가듯 내 모습이 사라지고 나면 나는 어떤 모습일까. 볼품이 없는 가랑잎일까. 사랑받는 단풍잎으로 대접받기를 바라는 것은 나의 지나친 욕심일까. 좋은 인연으로 살아온 친구들에게 감사한 마음이다. 나에게는 이 가을이 반성의 계절이기도 하다. 좋은 흔적을 남기지 못해도 원성이 없기를 바라는 마음 간절하다.

새를 잡던 겨울

 가을이 내어준 자리에 겨울이 들어앉았다. 단풍잎 곱게 물들인 가을이 아름다웠듯이 하얀 눈 소복이 쌓인 겨울도 아름답다. 하지만 변화무상한 계절이 항상 아름다운 것만은 아니다. 천둥 번개에 태풍까지 몰아치는 가을날은 우리에게 큰 피해를 준다. 엄동설한에 대지가 꽁꽁 얼어붙는 추위는 우리를 견디기 힘들게 한다. 빙판에 낙상사고도 발생한다. 수도가 얼어 터지는 동파까지 신경을 쓰게 한다.
 좋은 일이 있으면 궂은일도 있게 마련이다. 우리는 희로애락이 공존하는 사회에 살고 있다. 어둠이 지나면 밝음이 온다. 아무리 견디기 힘든 고통도 지나고 나면 아름다운 추억으로 남는다.
 대설과 동지가 지났다. 머지않아 소한이 온다. 일기예보는 지역에 따라 한파주의보가 나온다. 부산에 사는 우리들은 참 복 받은 사람이다. 견디기 어려운 추운 날이 별로 많지 않기 때문이다. 더구나 영도는 눈도 별로 오지 않는다. 서해안의 대설주의보나 강원도 지방의 폭설 소식은 나의 청소년 시절과 군 복무 시절을 회상케 한다. 소년 시절 내가 자란 제주에도 유난히 눈이 많이 왔던 것 같다. 온 들판에 눈이 덮이면 대지는 하얀색으로 눈이 부셨다.

나는 네댓 명의 친구들과 새를 잡으러 다녔다. 각자 두세 개의 테기를 지참한다. '테기'는 새를 잡기 위해 만든 도구인데 제주 방언이다. 표준어로 뭐라 하는지 모르겠다. 새들이 많이 날아드는 지역에 밭에 쌓인 눈을 발로 걷어낸다. 검은 흙이 나온 땅 위에 적절한 간격을 두고 '테기'를 놓는다. 다른 밭이나 나무에 앉은 새를 쫓는다. 우리가 설치해 놓은 테기에 모여들기를 기다린다. 몇 개의 테기에 새가 갇히면 나머지 새들이 모두 날아가 버린다. 몇 차례 장소를 옮기며 반복한다. 잡은 새들을 각자의 자그만 자루에 넣고 집으로 돌아오는 재미가 여간 즐거운 것이 아니었다.

요즈음은 그런 새 떼도 보기 어렵지만 그렇게 새를 잡는 모습도 볼 수 없다. 아마도 내가 초등학교 시절인가 생각된다. 중·고등학교에 다니면서는 그런 여유가 없었으니 말이다. 새를 잡는데도 다른 친구들은 대여섯 마리씩 잡는데 나는 항상 서너 마리가 고작이다. 주로 많이 잡히는 새는 못생긴 '속새(제주 방언)'다. 아름다운 '총데기(제주 방언)'나 조금 큰 '주지머리(제주 방언)'도 더러 잡힌다. 새의 이름도 표준어로 모른다. 주지머리는 아마도 종달새가 아닌가 한다.

내가 어렸을 때 아버지는 집에서 새를 잡았다. 눈이 쌓이는 날엔 마당이나 '우연(텃밭의 제주 방언)'에 '테기'를 놓아 새를 잡았다. 가끔 나더러 새가 잡혔는지 가보라고 하셨다. 하루에 서너 마리는 보통이다. 주로 이른 아침과 저녁 무렵에 잘 잡힌다.

새를 잡는 도구로 '테기' 말고 '치'라는 게 있다. 말총으로 자그만 올가미를 여러 개 만들어 활처럼 만든 줄에 많이 묶어놓은 것이다. '치'를 놓고 거기에 모이를 뿌려두면 새가 모이를 먹으려고 하다가 올가미에 발이 걸리는 것이다.

그렇게 잡은 새를 털을 뽑고 내장을 제거하여 기름장 발라 구우면 참으로 일품요리다. 이렇게 글을 쓰다 보니 그 맛이 혀에 배는 듯 군침이 돈다.

1960년대에 한때 참새구이가 유행했던 시절이 있었다. 부산에서도 광복동과 남포동 인근에 흔했다. 상호의 간판은 초롱불을 달아매었다. 밤이 되면 거리에 포장마차를 치고 연탄불에 군 참새고기를 안주로 따끈한 정종 한잔하는 낭만이 있었다.

당시 나는 현역군인이었다. 국세청에 근무하는 대학 동창이 자주 나를 불러내어 참새구이를 즐겼다. 그 많은 포장마차마다 참새구이라니? 도대체 참새가 얼마나 많이 잡히기에 밤마다 참새구인가? 병아리가 참새로 이름을 바꾸어 등장하는 것은 아닐까 모를 일이다. 당시에도 포장마차의 간판에 메추리구이를 표시한 것도 더러 있었다.

이제 참새구이를 함께 즐기던 그 친구는 가고 없다. 노년은 아주 멀리만 있는 줄 알았는데 세월은 우리를 갈라놓으니 이것이 현실인가 한다. 잊지 못하는 절친한 친구였다. 살아 있는 나는 고인이 된 친구의 명복을 비는 것 말고는 달리 할 수 있는 방법이 없다.

영원한 것은 없다. 이 겨울도 간다. 기다리지 않아도 오고 떠밀지 않아도 가는 것이 세월이다. 추위를 잊고 눈 속에서 새를 잡던 즐거움도 기억 속에서 사라진다. 광복동에서 참새구이에 정종 한잔하며 노래하던 추억도 멀어진다.

흔적도 없이 흐르는 세월 속에 이 겨울도 오는 봄에 자리를 내어주고 떠나갈 것이다.

(2017년 12월 하순에)

태종대 공원을 산책하며

 겨울의 문턱에 들어선다는 입동도 지난 11월 중순이다. 거의 매일 이른 아침에 아내와 같이 태종대 공원을 산책했었다. 아침 현관문을 열고 아치섬 넘어 동녘을 보니 날씨는 맑을 것 같다. 그러나 바람이 다소 불면서 차갑게 느껴진다. 평소에는 다섯 시경에 집을 나섰지만, 오늘은 많이 늦어서 여섯 시나 되었다. 85년이나 살아온 몸이라 걸음이 약간 불편하여 지팡이를 들고 나갔다. 공원 입구를 올라와서 광장에 도착하니 조금 숨이 찬다. 광장을 지키고 있는 은행나무 밑에 놓인 벤치에 앉아서 쉬었다 가기로 했다.
 어느새 일찍 온 사람들이 벌써 한 바퀴 돌고 뛰어오는 사람이 있다. 우리처럼 이제 막 걸어 올라오는 사람도 있다. 아내도 나도 이제는 나이가 들어 뛰는 것은 고사하고 빠른 걸음도 힘든 처지가 되었다. 몇 년 전까지만 해도 4.3㎞밖에 안 되는 한 바퀴를 가볍게 뛰면서 돌았다. 아내는 건망증이 심하여 금방 했던 말도 잊어버리고 조금 전에 한 일도 기억을 못 한다. 하지만 나와 함께 산책을 나설 수 있는 것만으로도 다행으로 여긴다. 나는 몇 년 전에 심장 시술을 받은 후부터 빨리 걸으면 숨이 찬다. 그러나 아내는 나보다 잘 걷는다.

　벤치에서 일어나 다시 걸어 올라간다. 도중에 음수대에서 냉수를 받아 마시고 아내와 옛날얘기 주고받으며 태종사 쪽으로 걸었다. 걸어 내려오는 사람, 우리를 앞질러 걸어 올라가는 사람, 서로 만나면 '안녕하세요.' 하고 인사하며 지나기도 하고 더러는 아무 말 없이 지나가기도 한다.

　우리나라 사람들은 인사에 인색한 것 같다. 내가 미국에 있을 때는 길을 걸어가거나 공원에서 모르는 사람을 만난다. 그때마다 누가 먼저라 할 것 없이 '굿모닝' 하거나 '하이' '헬로우' 하면서 인사를 나눈다. 다섯 살짜리 손녀가 처음 미국에 갔을 때 이것이 신기했던지 집 앞에서 놀다가도 지나가는 사람마다 손을 들며 '하이' 하고 소리친다. 지나가던 사람도 '하이' 하며 반가운 표정을 짓는다.

　태종사 근처에 왔을 때 저 앞의 벤치에 부부로 보이는 노인이 앉아 있다. 얼핏 보아하니 80대 전후로 보인다. 아마도 우리보다는 아래일 것이라고 아내와 이야기하며 걸어갔다.

가까이 가는데 그 두 노인은 일어서서 걸어 나간다. 우리는 그 벤치에 앉아 쉬기로 했다. 세월은 사회의 변화를 불러온다. 대가족이 함께 사는 시대는 갔다.

'저 노인들도 모르긴 해도 노부부만 따로 살고 있을 거야.' 아내의 말에 나도 동감을 표했다. 우리도 마찬가지 아닌가. 우리 주변에 사는 다른 가정도 거의 전부가 핵가족이다. 직업과 사회 환경이 노부모를 모시고 사는 가정이 드물게 만들었다. 종종 자녀들로부터 안부 전화를 받는 것만으로도 만족해야 했다.

앞의 노인들도 지금 따로 살고 있는지 모르나 소중하고 사랑스러운 가족이 있을 것이다. 그분들 생활이 행복한 삶이었으면 좋겠다.

운동기구들이 설치되어 있는 곳에 여러 사람이 각각 운동하고 있다. 우리 부부도 이것저것 기구를 이용해서 가벼운 운동을 한다. 내가 팔굽혀펴기를 20여 회 하고 있는데 여러 사람이 유심히 본다. 전에 하던 20킬로그램 역기 틀에 드러누우니 아내가 무리하지 말라고 말린다. 몇 차례 들어 올리고 나서 철봉에 매달렸다. 한 번도 완전히 못 올렸다. 세월은 이렇게 변하는 것이다. 하던 일도 못 하는 날이 오고 알던 것도 기억하지 못하는 상황이 너무도 빨리 온다.

오늘은 늦었으니 이만 내려가자 하고 아내와 같이 오던 길을 되돌아 내려간다. 낙엽을 밟으며 걸으니 가없은 생각이 든다. 누가 가을이 봄보다 아름답다고 했는가. 이렇게 흩날리는 잎사귀들이 울울창창 녹음을 이루던 주체가 아니던가. 이제 그 소임을 다한 듯 내려와 행인의 발아래 무참히 밟히고 있다. 모체에서 떨어지는 고통은 어찌 없으랴! 헐벗어가는 나무를 보면서 아내가 가엽다고 말한다. 그게 자연의 섭리고 운명이다. 삶이라는 것도 늘 화려하지만은 않은 것이다. 옛것이 가면 새것이 오고 봄이 가야 여름이 온다. 우리도 언젠가 저 낙엽처럼 가게 된다. 다만 고통을 덜 받고 떠날 수 있었으면 하는 바람이다. 공원 입구 광장에 와서 벤치에 앉았다. 새 한 마리가 벌레를 물고 나뭇가지에 앉아 있다. 저 벌레도 생명인데 새의 먹이가 되고 말았구나!

TV의 동물의 왕국에서 야생동물의 생활을 보노라면 약육강식의 원리가 그대로 보인다. 생명의 소중함, 생존권은 아랑곳없이 강자의 무자비한 횡포 앞에 목숨을 잃는다. 살생유택이 여기엔 어울리지 않는다. 사람은 어떤가? 먹고살기 위해 많은 생명을 식용으로 죽인다. 그것은 야생동물이나 인간이나 생명을 유지하기 위한 강자의 행위일 뿐이다.

우리는 근처의 6.25 참전 의료지원국 기념공원으로 들어가 잠시 머물렀다. 종종 들어와 보지만 5개국 국기와 함께 활동 내력이 새겨져 있다. 주변이 깨끗하게 정리되어 있어서 마음에 들었다. 태종대를 방문하는 관광객들에게 한번 들러 보라고 권하고 싶다. 그리고 그들에게 감사한 마음을 갖자.

집에까지 오는 데 두 시간이나 걸렸다. 벤치에서 쉬고 운동하면서 시간 보내고 느린 걸음걸이 탓이다. 젊은 시절에는 뛰었고 한 시간도 안 걸리던 코스다. 세월 앞에 장사가 없다는 말이 실감이 난다.

들꽃만 보아도 아름답게 느꼈던 청소년 시절, 붉게 물든 탐스러운 단풍을 구경 가던 젊은 시절, 다시는 돌아갈 수 없는 꿈같은 세월이다.

미술 전시장의 갤러리에 걸어놓은 그림을 가까이서 보는 것과 한 걸음 떨어져서 보는 감상이 다르다. 가까이 보면 나무가 보이지만 멀리 보면 숲이 보인다고 하지 않던가. 앞에서 보는 경치보다 멀리 보는 풍광이 더 아름다울 수 있다. 삶의 여정도 마찬가지다. 가까이 보면 오늘의 나를 보지만 멀리서 보면 인생의 여정을 본다. 내 젊음을 앗아간 세월이 멀리 떠나고 있는 것인지, 내 인생이 세월을 타고 멀리 가고 있는 것인지 모를 일이다. 멀어지는 내 여정을 바라보며 반성하는 노인으로 살아야지!

한 걸음 뒤에서 바라보는 내 인생 여정이다.

(2018. 11. 16.)

양성보 수필집

내가 남긴 발자국

인쇄 2025년 11월 10일
발행 2025년 11월 12일

지은이   양성보
펴낸이   이병우
펴낸곳   육일문화사
주　소   부산광역시 중구 복병산길6번길 11
전　화   (051)441-5164 팩스 (051)442-6160
이메일   book61@hanmail.net
출판등록   제1989-000002호

* 이 책의 저작권은 저자에게 있습니다.
* 서면에 의한 저자의 허락 없이 내용의 일부를 인용하거나 발췌하는 것을 금합니다.
* 잘못된 책은 바꿔 드립니다.

ISBN 979-11-91268-88-1 03810
값 15,000원